스토아 철학 영어 필사 101

스토아 철학 영어 필사 101

지은이 퍼포먼스 코치 제이
펴낸이 임상진
펴낸곳 (주)넥서스

초판 1쇄 발행 2025년 6월 25일
초판 2쇄 발행 2025년 6월 30일

출판신고 1992년 4월 3일 제311-2002-2호
10880 경기도 파주시 지목로 5
Tel (02)330-5500 Fax (02)330-5555

ISBN 979-11-94643-41-8 13740

출판사의 허락 없이 내용의 일부를
인용하거나 발췌하는 것을 금합니다.
저자와의 협의에 따라서 인지는 붙이지 않습니다.

가격은 뒤표지에 있습니다.
잘못 만들어진 책은 구입처에서 바꾸어 드립니다.

www.nexusbook.com

삶의 이정표를 밝히는 하루 한 장의 지혜
스토아 철학 영어 필사 101

퍼포먼스 코치 제이 지음

Preface

'이렇게 살아서 뭐하지?'

하루에도 몇 번씩 이 질문이 스쳐 지나갑니다.
돈을 벌고, 사람을 만나고, 오늘도 최선을 다해 애쓰지만 밤에 누웠을 때는 이상하게 공허합니다. '나를 돌아보는 시간'은 사치처럼 느껴지고, 철학은 현실과 동떨어진 이야기처럼 멀기만 합니다.

그러다가 한 사람을 만났습니다. 비유가 아닌 '진짜 전쟁터' 한복판에서, 내일 죽을지도 모르는 상황에서도 펜을 놓지 않고 스스로를 다잡던 로마의 황제였습니다. 손만 뻗으면 돈, 명예, 향락 등 모든 것을 가질 수 있는 한 제국의 '황제'이지만, 밤에 눕기 전 이렇게 고민합니다. '왜 나는 일찍 일어나지 못하는가?', '왜 나는 사소한 유혹에 흔들리는가?', '나에게 정말 필요한 것은 무엇인가?' 그 고백은 기록이 아니라 살기 위한 철학이었습니다.

워렌 버핏, 빌 게이츠, 빌 클린턴 등의 해외 정재계 인사들뿐만 아니라, 대한민국에서 성공한 대부분의 리더들이 사실상 스토아 철학에 뿌리를 두고 자신만의 인생 철학을 완성해 가고 있음을 알게 되었습니다. 그래서, 언젠가 대한민국의 모든 이들이 '쉽고 강력한 방법'으로 스토아 철학을 통해 '본인만의 철학'을 써 내려갈 수 있는 책을 쓰자고 결심했습니다.

이 책은 단순히 스토아 철학을 '공부'하는 책이 아닙니다. 딱딱한 고전의 언어가 아니라, 현대에 통하는 영어와 한국어로 스토아의 지혜를 손으로 쓰고 입으로 읊조리며, 자동적으로 뇌에 입력되도록 구성되었습니다. 역경 속에서 흔들리고 싶지 않다면, 삶의 매순간이 '전쟁' 같다고 느껴진다면, 그래서 지치고 불안하다면, 이 책은 세상을 향해 나아가는 창이자, 당신의 내면을 지켜주는 방패가 되어 줄 것입니다.

이제, 당신의 시간입니다.
'돈만 벌면 끝이다', '자기계발은 다 소용없다'는 식의 피상적인 말들이 넘쳐나는 세상입니다. 하지만 정작 내면은 공허하고, 작은 위기에도 쉽게 흔들리는 사람들이 많습니다. 스토아 철학, 특히 이 책은 단순히 '긍정적으로 생각하라'는 식의 뻔한 이야기가 아닙니다. 당신이 통제할 수 있는 것과 없는 것을 명확히 구분하고, 진정 중요한 것에 에너지를 쏟으며, 어떤 상황에서도 흔들리지 않는 당신만의 '본질'을 단련하는 방법을 알려줍니다.

당신은 이미 알고 있었습니다. 내 안의 깊은 곳에서 '이대로는 안 된다'고 외치던 그 목소리. 그것이 바로 당신이 스토아 철학 위에서 강하고, 현명하며, 거침없이 나아갈 준비가 되었음을 알리는 신호입니다. 이제, 당신의 차례입니다. 이 책을 집어든 당신의 영혼이 진정으로 자유로워질 시간입니다.

퍼포먼스 코치 제이

Features

스토아 철학자의 사상을 엿볼 수 있는 한 마디를 필사해 보고, 어떤 의미인지 사색해 보세요.

현대인의 삶에 맞게 재해석한 스토아 철학의 지혜를 필사하며 스스로에게 질문을 던져 보세요.

어려운 단어의 풀이를 수록하였습니다.

각 글귀에서 뽑은 질문들을 다시 한번 생각해 보고, 나만의 답변을 적어 보세요.

스토아식으로 실행하기 | 각 글귀의 핵심 질문들을 다시 보고 내가 생각하는 바를 적어 보세요.

1. Am I starting my day with purpose or just reacting?
   나는 하루를 목적 의식 있게 시작하는가, 아니면 단순히 반응하는가?

2. Am I starting with distractions or inner peace?
   나는 혼란한 여정을 시작하는가, 아니면 평온 속에서 시작하는가?

3. Does this emotion help me achieve my goal today?
   이 감정이 오늘 나의 목표를 이루는 데 도움이 되는가?

4. What matters most today?
   오늘 가장 중요한 것은 무엇인가?

5. Is this truly worth my energy?
   이 일이 정말 내 에너지를 쏟을 가치가 있는가?

6. Am I shaping my day with intention, or am I letting circumstances control it?
   나는 의도적으로 하루를 설계하는가, 아니면 주어진 상황에 휘둘리는가?

7. Does this align with my values?
   이 일이 내 가치와 맞는가?

8. Am I fully present, or am I distracted by the past or future?
   나는 지금 이 순간에 온전히 있는가, 아니면 과거 또는 미래에 휘둘리고 있는가?

9. If today were my last day, is this how I would want to spend it?
   오늘이 내 인생의 마지막 날이라면, 어떻게 시간을 보내고 싶은가?

10. Did my actions align with my values today, or did I simply go through the day without intention?
    오늘 나의 행동이 내 가치와 일치했는가, 아니면 그저 하루를 흘러보냈는가?

www.nexusbook.com
원어민 MP3 무료 다운로드 가능

Contents

Chapter 1

Time Mastery: The Art of Mastering Time
시간을 지배하는 기술: 시간을 설계하는 법

001	시간을 지배하는 첫 번째 원칙 *The First Principle of Mastering Time*	016
002	아침의 고요함이 만드는 기적 *The Miracle of Morning Stillness*	018
003	시간을 갉아먹는 감정과 이별하라 *Let Go of Time-Wasting Emotions*	020
004	시간: 계획하거나 잃어버리거나 *Time: Plan it or Lose it*	022
005	시간 낭비를 없애는 핵심 전략 *Key Strategies to Reduce Wasted Time*	024
006	하루의 주인이 되는 설계법 *How to Take Ownership of Your Day*	026
007	옳은 일을 우선 하라 *Prioritize What Is Right*	028
008	현재 순간에 충실하라 *Be Present in the Moment*	030
009	'완벽한 타이밍'을 기다리면 안 되는 이유 *Why You Shouldn't Wait for the 'Perfect Timing'*	032
010	하루의 끝에서 삶의 진실을 마주하기 *Facing the Truth at the End of Your Day*	034

Chapter 2

Clear Vision: Setting Meaningful Goals
인생의 북극성을 찾아서: 의미 있는 목표 설정하기

011	혼란 속에서 길을 찾는 법 *Finding Your Path in Chaos*	040
012	통제할 수 있는 것에서 시작하라 *Start with What You Can Control*	042
013	내면에서 목표를 발견하기 *Finding Your Goals Within*	044
014	복잡한 목표는 실패한다 *Overcomplicated Goals Lead to Failure*	046
015	목표가 방향을 결정한다 *Goals Define Your Path*	048
016	목적과 수단을 혼동하지 마라 *Do Not Confuse Means with Ends*	050
017	나만의 북극성을 찾아라 *Set Your Own North Star*	052
018	목표는 유연해야 한다 *Goals Must Be Flexible*	054
019	작은 단계로 시작하라 *Start with Small Steps*	056
020	목표는 단지 도구다 *Goals Are Just Tools*	058

Chapter 3

Clarity of Purpose: Defining Your Path
목적의 명확함: 나만의 길을 정하기

021	삶의 방향이 불분명할 때 *Finding Purpose Amid Uncertainty*	**064**
022	자기 이해, 모든 것의 시작 *Self-Knowledge: The First Step*	**066**
023	진정한 자신과의 대화 *A Conversation with Your True Self*	**068**
024	삶의 본질은 단순하다 *Life's Essence Is Simplicity*	**070**
025	진정한 나를 찾는 과정 *Discovering Your Authentic Self*	**072**
026	진정한 나를 위한 큰 그림을 보라 *See the Bigger Picture for Your True Self*	**074**
027	나만의 길을 개척하라 *Forge Your Own Path*	**076**
028	선택의 순간마다 스스로에게 질문하라 *Question Yourself at Every Decision*	**078**
029	삶의 목적은 단순히 생존이 아니다 *Life's Purpose Is More Than Survival*	**080**
030	길은 스스로 만들어 가는 것이다 *The Path Is Made by Walking It*	**082**

Chapter 4

Courage to Act: Overcoming Fear and Doubt
용기의 기술: 두려움과 의심을 극복하기

031	두려움을 직면하는 것이 시작이다 *Facing Fear Is the First Step*	**088**
032	두려움은 마음속에서 만들어진다 *Fear Is Born in the Mind*	**090**
033	용기는 두려움을 넘어서는 힘이다 *Courage Is Strength Beyond Fear*	**092**
034	두려움을 받아들이고 활용하라 *Accept and Use Fear to Your Advantage*	**094**
035	작은 행동이 두려움을 이긴다 *Small Actions Defeat Fear*	**096**
036	과거는 두려움이 될 필요가 없다 *The Past Doesn't Have to Be Your Fear*	**098**
037	용기는 선택에서 시작된다 *Courage Begins with a Choice*	**100**
038	용기는 반복에서 온다 *Courage Comes from Repetition*	**102**
039	두려움은 실재하지 않는다 *Fear Is Not Real*	**104**
040	결국 용기는 삶의 본질이다 *Courage Is the Essence of Life*	**106**

Chapter 5

Emotional Resilience: Mastering Your Emotions
흔들리지 않는 마음: 감정을 다스리는 힘

041	감정의 본질을 이해하라 *Understand the Nature of Emotions*	**112**
042	마음을 다스리는 힘은 내 손 안에 있다 *The Power Over Your Mind Is Yours*	**114**
043	화가 날 땐 스스로를 돌아보라 *Reflect on Yourself in Moments of Anger*	**116**
044	반응을 선택하는 힘 *The Power to Choose Your Reaction*	**118**
045	감정은 사실이 아니다 *Emotions Are Not Facts*	**120**
046	분노의 대가를 기억하라 *Remember the Cost of Anger*	**122**
047	단순한 삶이 마음을 단단하게 한다 *A Simple Life Strengthens the Mind*	**124**
048	어려움은 일시적이다 *Difficulties Are Temporary*	**126**
049	상상 속 고통에서 벗어나라 *Escape the Pain of Imagination*	**128**
050	흔들리지 않는 평정의 힘 *The Steady Power of Calm*	**130**

Chapter 6

Shifting in Perspective: Seeing the Bigger Picture
시야의 전환: 더 큰 그림을 그리기

051	시야를 넓혀라 *Expand Your Perspective*	**136**
052	문제를 새롭게 바라보라 *See Problems in a New Light*	**138**
053	삶을 넓은 시야로 보라 *View Life Through a Wider Lens*	**140**
054	사소함에 집착하지 말라 *Don't Dwell on Trivialities*	**142**
055	위기 속에서 배울 기회를 찾으라 *Find Growth in Challenges*	**144**
056	내 삶은 더 큰 그림의 일부다 *My Life Is Part of a Bigger Picture*	**146**
057	오늘의 문제를 내일의 시각으로 *View Today's Problems Through Tomorrow's Lens*	**148**
058	한 걸음 물러서서 명확하게 바라보라 *Take a Step Back to See Clearly*	**150**
059	변화를 수용하는 법 *Learn to Embrace Change*	**152**
060	죽음을 생각하며 오늘을 살아라 *Live Today with Death in Mind*	**154**

Chapter 7

Wealth and Growth: Creating Sustainable Success

부와 성장의 철학: 성공을 지속하는 법

061	성공을 재정의하라 *Redefine Success*	**160**
062	진정한 부란 무엇인가? *What Is True Wealth?*	**162**
063	욕망을 다스리는 법 *Mastering Your Desires*	**164**
064	소유보다 경험에 집중하라 *Focus on Experiences, Not Possessions*	**166**
065	비교의 덫에서 벗어나라 *Escape the Trap of Comparison*	**168**
066	부를 다스리는 마음가짐 *The Mindset to Handle Wealth*	**170**
067	성장은 꾸준함에서 온다 *Growth Comes From Consistency*	**172**
068	야망과 지속 가능성을 균형 있게 추구하라 *Balance Ambition With Sustainability*	**174**
069	타인을 위한 부의 활용 *Using Wealth for Others*	**176**
070	삶의 균형 속에서 성장하라 *Grow Within Balance*	**178**

Chapter 8

Mind-Body Harmony: Strengthening the Whole Self

몸과 마음의 균형: 진정한 나를 만드는 법

071	몸과 마음의 연결을 이해하라 *Understand the Mind-Body Connection*	**184**
072	몸을 돌보는 기술 *The Art of Caring for Your Body*	**186**
073	내면의 고요를 찾는 연습 *Practicing Inner Calm*	**188**
074	활력을 위한 몸의 움직임 *Movement for Vitality*	**190**
075	몸과 마음을 위한 영양 *Nourishment for Body and Mind*	**192**
076	스트레스와 피로를 다스리는 법 *Managing Stress and Fatigue*	**194**
077	자연과 함께 호흡하기 *Breathing With Nature*	**196**
078	작은 습관이 큰 변화를 만든다 *Small Habits, Big Changes*	**198**
079	삶의 리듬과 조화를 이루어라 *Align With Life's Rhythm*	**200**
080	완전한 나로 거듭나기 *Becoming Your Complete Self*	**202**

Chapter 9

The Art of Wise Decisions: Cultivating Wisdom
결정의 품격: 지혜를 선택하는 법

081	무엇이 중요한지를 재정의하라 *Define Your Priorities*	208
082	감정에서 벗어나 이성을 따르라 *Follow Reason, Not Impulse*	210
083	선택에 대한 두려움을 극복하라 *Overcome the Fear of Choosing*	212
084	단순함 속에서 명확함 찾기 *Finding Clarity in Simplicity*	214
085	결과를 받아들이고 배움을 얻기 *Accepting Results and Learn*	216
086	중요한 것에 집중하기 *Focusing on What Matters*	218
087	과거의 실수를 자산으로 바꾸기 *Turning Past Mistakes Into Assets*	220
088	결정을 통해 스스로를 알아가기 *Discovering Yourself Through Decisions*	222
089	지혜로운 선택의 습관 만들기 *Building the Habit of Making Wise Choices*	224
090	현명한 선택으로 삶을 완성하라 *Complete Your Life With Wise Decisions*	226

Chapter 10

Living in Balance: Integrating All Aspects of Life
조화로운 삶의 공식: 삶의 다양한 영역을 아우르기

091	지속적인 성장을 위한 기초 다지기 *Laying the Foundation for Sustainable Growth*	232
092	작은 습관이 만드는 장기적인 변화 *How Small Habits Lead to Big Changes*	234
093	성취와 평온 사이의 균형 찾기 *Balancing Achievement and Inner Peace*	236
094	변화에 적응하는 능력 키우기 *Developing Adaptability for Growth*	238
095	흔들림 없는 내적 성장 *Building Inner Strength That Lasts*	240
096	꾸준한 실천의 힘 *The Power of Consistency*	242
097	외적 성공과 내면의 조화 이루기 *Aligning External Success with Inner Growth*	244
098	성장의 방향을 주도하기 *Taking Control of Your Growth*	246
099	지속 가능한 성장의 핵심 원칙 *The Core Principles of Sustainable Progress*	248
100	평생 성장하는 삶을 위한 결단 *A Lifelong Commitment to Growth*	250
101	진정한 균형으로 삶의 주인이 되어라 *Own Your Life Through True Balance*	252

**True happiness is to enjoy the present,
without anxious dependence upon the future.**

Seneca, *Letters to Lucilius*, 92.3

진정한 행복은 불안하게 미래를 기대하지 않고,
지금 이 순간을 온전히 살아내는 것이다.

세네카, *루킬리우스에게 보낸 편지*, 92.3

CHAPTER 1

• Time Mastery •

The Art of Mastering Time

• 시간을 지배하는 기술 •

시간을 설계하는 법

시간을 지배하는 첫 번째 원칙
The First Principle of Mastering Time

스토아 철학 엿보기

At dawn, when you wake up, tell yourself: I am rising to do the work of a human being.

Marcus Aurelius, *Meditations*, 5.1

새벽에 눈을 뜨면 이렇게 말하라: 오늘도 사람으로서 해야 할 일을 하기 위해 일어난다.

마르쿠스 아우렐리우스, 명상록, 5.1

스토아식으로 생각하기

Your morning routine shapes the quality of your entire day. Ask yourself: "Am I starting my day with purpose or just reacting?" Instead of letting external demands dictate your morning, start with clear intention. Whether through mindfulness, exercise, or reflection, establish a routine that energizes you. The way you begin your day sets the tone for everything that follows. Small, intentional actions in the morning create momentum for greater achievements throughout the day.

아침 습관이 하루의 흐름을 결정합니다. 스스로에게 물어보세요. "나는 하루를 목적 의식 있게 시작하는가, 아니면 단순히 반응하는가?" 외부의 요구에 휘둘리기보다, 명확한 의도로 하루를 시작하세요. 명상, 운동, 혹은 성찰을 통해 활력을 불어넣는 루틴을 만들어 보세요. 아침을 어떻게 시작하느냐가 하루 전체의 분위기를 결정합니다. 아침의 작은 의식적인 습관이 모이면, 더 큰 성취를 이루는 동력이 됩니다.

shape ~을 실현하다, 형성하다 **dictate** 좌우하다 **clear intention** 명확한 의도 **mindfulness** 명상
reflection 성찰 **energize** 활력을 불어넣다 **set** 결정하다 **create momentum** 동력을 만들다

002 아침의 고요함이 만드는 기적
The Miracle of Morning Stillness

스토아 철학 엿보기

People look for retreats for themselves, in the country, by the coast, or in the hills; there is nowhere that a person can find a more peaceful and trouble-free retreat than in his own mind.

Marcus Aurelius, *Meditations*, 4.3

사람들은 시골, 바닷가, 산속 등 외딴곳에서 휴식을 찾는다. 그러나 그 어디에서도 자신의 마음속만큼 평화롭고 걱정에서 벗어난 휴식처를 찾을 수는 없다.

마르쿠스 아우렐리우스, 명상록, 4.3

스토아식으로 생각하기

Begin your day by pausing for a moment of stillness. Before checking your phone or rushing into your tasks, take a few deep breaths and focus on your inner peace. Ask yourself: "Am I starting with distractions or inner peace?" This short practice clears your mind and helps you approach the day with clarity and strength. True tranquility comes from within, not from your external surroundings. By practicing this daily, you will strengthen your control over your thoughts and emotions.

하루를 시작하며 잠시 멈춰 고요함을 가져 보세요. 휴대폰을 확인하거나 급하게 일을 시작하기 전에, 깊게 숨을 들이쉬고 내면의 평화를 느껴 보세요. 스스로에게 물어보세요. "나는 혼란한 아침을 시작하는가, 아니면 평온 속에서 시작하는가?" 이 간단한 습관은 마음을 맑게 하고 하루를 명료함과 힘으로 맞이할 수 있게 도와줍니다. 진정한 고요함은 외부가 아니라 내면에서 옵니다. 이 습관을 매일 지속하면, 생각과 감정을 다스리는 힘이 길러질 것입니다.

stillness 고요함 **retreat** 휴식처 **inner peace** 내면의 평화 **distraction** 주의 산만, 혼란
approach the day 하루를 맞이하다 **clarity** 명료함 **tranquility** 고요 **surrounding** 환경

003 시간을 갉아먹는 감정과 이별하라
Let Go of Time-Wasting Emotions

스토아 철학 엿보기

How much time he gains who does not look to see what his neighbor says or does or thinks, but only at what he does himself, to make it just and holy.

Marcus Aurelius, Meditations, 4.18

이웃이 무엇을 말하고, 무엇을 하며, 무슨 생각을 하는지 보려 하지 않고, 자신이 하는 일을 올바르고 고결하게 만드는 데만 집중하는 사람은 얼마나 많은 시간을 얻는가.

마르쿠스 아우렐리우스, 명상록, 4.18

스토아식으로 생각하기

Dwelling on emotions like anger, envy, or regret wastes valuable time. Instead of focusing on what others think or do, turn your attention to your own actions and priorities. Ask yourself: "Does this emotion help me achieve my goal today?" When you let go of unnecessary emotions, you gain clarity and reclaim time to focus on what truly matters. Your time is too precious to waste on what you cannot control. By redirecting your energy toward productive actions, you find fulfillment and inner peace.

분노, 질투, 후회와 같은 감정에 머무르는 것은 소중한 시간을 낭비하는 일입니다. 다른 사람이 무엇을 생각하고 무엇을 하는지에 집중하는 대신, 여러분의 행동과 우선순위에 집중하세요. 스스로에게 물어보세요. "이 감정이 오늘 나의 목표를 이루는 데 도움이 되는가?" 불필요한 감정을 내려놓으면 명료함을 얻고, 진정으로 중요한 일에 집중할 시간을 되찾을 수 있습니다. 여러분의 시간은 통제할 수 없는 것에 낭비하기엔 너무 소중합니다. 여러분의 에너지를 생산적인 행동으로 전환하면, 삶에서 충만함과 내면의 평화를 얻을 수 있습니다.

let go of ~을 놓아 주다 **time-wasting** 시간을 낭비하는 **just** 올바른 **dwell on emotions** 감정에 머무르다 **priority** 우선순위 **clarity** 명료함 **reclaim time** 시간을 되찾다 **fulfillment** 충만함

004 시간: 계획하거나 잃어버리거나
Time: Plan it or Lose it

스토아 철학 엿보기

Let not your mind run on what you lack as much as on what you have already. Of the things you have, select the best, and reflect how eagerly you would have sought them if you did not have them.

Marcus Aurelius, *Meditations*, 7.27

당신이 가지지 못한 것에 마음을 빼앗기지 말고, 이미 가지고 있는 것에 더 집중하라. 가진 것 중 가장 좋은 것을 선택해 보라. 그것이 없었더라면 얼마나 간절히 그것을 원했을지 생각해 보라.

마르쿠스 아우렐리우스, 명상록, 7.27

스토아식으로 생각하기

Time is your most valuable resource, yet it's often lost to trivial distractions. Without a clear plan, your day will fill up with unimportant tasks and missed opportunities. Start each day by prioritizing your goals and allocating your time wisely. Ask yourself: "What matters most today?" A simple plan turns time into meaningful progress. Remember, every minute you spend without intention is a minute you lose forever.

시간은 가장 소중한 자원이지만, 사소한 것들에 의해 쉽게 빼앗기곤 합니다. 명확한 계획이 없다면, 여러분의 하루는 중요하지 않은 일들과 놓쳐 버린 기회들로 채워질 것입니다. 하루를 시작할 때 목표를 우선순위에 따라 정하고, 시간을 현명하게 배분하세요. 스스로에게 이렇게 물어보세요. "오늘 가장 중요한 것은 무엇인가?" 간단한 계획이 시간을 의미 있는 진전으로 바꿔 줍니다. 의도 없이 흘려보낸 시간은 결코 되돌릴 수 없다는 사실을 기억하세요.

eagerly 간절히 **resource** 자원 **trivial distractions** 사소한 방해 **prioritize** 우선순위를 정하다
allocate 배분하다 **wisely** 현명하게

005 시간 낭비를 없애는 핵심 전략
Key Strategies to Reduce Wasted Time

스토아 철학 엿보기

Stop whatever you're doing for a moment and ask yourself: Am I afraid of death because I won't be able to do this anymore?

Marcus Aurelius, *Meditations*, 10.29

잠시 당신이 하고 있는 일을 멈추고 스스로에게 물어보라. '내가 이 일을 더 이상 할 수 없게 된다는 이유로 죽는 것이 두려운가?'

마르쿠스 아우렐리우스, 명상록, 10.29

스토아식으로 생각하기

Every moment lost to trivial or unproductive activities is time you can never get back. Be intentional about where your time goes. Before starting any task, ask yourself: "Is this truly worth my energy?" Avoid activities that neither serve your goals nor bring meaning to your life. Train yourself to focus on what matters and say no to distractions. Time is your most finite resource—spend it wisely.

사소하거나 비생산적인 활동에 빼앗긴 시간은 결코 되돌릴 수 없습니다. 여러분의 시간이 어디로 가는지 의식하세요. 어떤 일을 시작하기 전에 스스로에게 물어보세요. "이 일이 정말 내 에너지를 쏟을 가치가 있는가?" 목표에 기여하지 않거나 삶에 의미를 더하지 않는 활동은 피하세요. 진정 중요한 것에 집중하는 훈련을 하고, 방해 요소에는 단호하게 '아니오'라고 말하세요. 시간은 가장 유한한 자원입니다. 지혜롭게 사용하세요.

be intentional about ~ ~에 대해 의도적으로 행동하다 focus on ~ ~에 집중하다 distraction 방해 요소 finite resource 유한한 자원

006 하루의 주인이 되는 설계법
How to Take Ownership of Your Day

스토아 철학 엿보기

The mind adapts and converts to its own purposes the obstacle to our acting. The impediment to action advances action. What stands in the way becomes the way.

Marcus Aurelius, Meditations, 5.20

마음은 스스로 적응하고 행동에 대한 장애물을 자신의 목적에 맞게 바꾼다. 행동의 장애물이 행동을 발전시킨다. 길을 가로막는 것이 길이 된다.

마르쿠스 아우렐리우스, 명상록, 5.20

스토아식으로 생각하기

Your day begins the moment you choose its direction. Ask yourself: "Am I shaping my day with intention, or am I letting circumstances control it?" Planning your day beforehand gives you clarity and ensures you focus on what truly matters. Write down your priorities, block time for essential tasks, and anticipate potential challenges. By doing so, you transform obstacles into opportunities and avoid wasting time on the unimportant. A well-planned day is a productive day.

여러분의 하루는 방향을 정하는 순간 시작됩니다. 스스로에게 물어보세요. "나는 의도적으로 하루를 설계하는가, 아니면 주어진 상황에 휘둘리는가?" 하루를 미리 계획하면 명확함을 얻고, 진정으로 중요한 일에 집중할 수 있습니다. 우선순위를 적고, 중요한 작업을 위한 시간을 확보하며, 예상되는 장애물에 미리 대비하세요. 이렇게 하면 장애물을 기회로 바꾸고, 중요하지 않은 일에 시간을 낭비하지 않을 수 있습니다. 잘 계획된 하루는 곧 생산적인 하루입니다.

ownership 소유권 **impediment** 장애물 **priority** 우선순위 **block time** 시간을 확보하다
anticipate challenges 장애물을 예상하다 **transform** 변화시키다

007 옳은 일을 우선 하라
Prioritize What Is Right

스토아 철학 엿보기

If it is not right, do not do it; if it is not true, do not say it.

Marcus Aurelius, *Meditations*, 12.17

옳지 않은 일은 하지 말고, 진실하지 않은 것은 말하지 마라.

마르쿠스 아우렐리우스, 명상록, 12.17

스토아식으로 생각하기

Start your day by asking, "Does this align with my values?" Doing what is right, even in small decisions, builds integrity and focus over time. Avoiding trivial or dishonest actions preserves your energy for what truly matters. Let your morning be a time to commit to truth and fairness, setting a tone of clarity and purpose for your day.

하루를 시작하며 "이 일이 내 가치와 맞는가?"라고 자신에게 물어보세요. 작은 결정일지라도 옳은 일을 하는 것이 시간이 지나면서 정직성과 집중력을 키웁니다. 사소하거나 부정직한 행동을 피하면 진정으로 중요한 일에 에너지를 온전히 쏟을 수 있습니다. 아침을 진실과 공정함에 전념하는 시간으로 만들고, 하루를 명확성과 목적이 있는 상태로 시작하세요.

align with values 가치에 부합하다 integrity 정직성 preserve 보존하다 commit to ~ ~에 전념하다 fairness 공정함

 **현재 순간에 충실하라**
Be Present in the Moment

스토아 철학 엿보기

Confine yourself to the present.

Marcus Aurelius, *Meditations*, 8.36

당신 자신을 현재에만 머물게 하라.

마르쿠스 아우렐리우스, 명상록, 8.36

스토아식으로 생각하기

The present moment is the only time you truly have. Ask yourself: "Am I fully present, or am I distracted by the past or future?" Worrying about the past or obsessing over the future drains your energy and steals your focus. When you anchor yourself in the now, you free your mind to fully engage with what matters most. No matter how small the task, give it your full attention. Great achievements are built from consistent, present-focused effort.

현재는 여러분이 진정으로 가질 수 있는 유일한 시간입니다. 스스로에게 물어보세요. "나는 지금 이 순간에 온전히 있는가, 아니면 과거나 미래에 휘둘리고 있는가?" 과거를 걱정하거나 미래에 집착하면 에너지를 소모하고 집중력을 빼앗깁니다. 지금 이 순간에 자신을 온전히 두면, 가장 중요한 일에 몰입할 수 있습니다. 아무리 작은 일이라도 온전히 집중하세요. 위대한 성취는 현재에 집중한 꾸준한 노력에서 비롯됩니다.

confine 제한하다 **present moment** 현재 순간 **fully present** 온전히 존재하다 **obsess** ~에 대해 집착하다 **drain** 소모시키다 **anchor** 고정시키다, 붙들어 매다 **engage with** ~ ~와 관계를 맺다 **consistent** 꾸준한

009 '완벽한 타이밍'을 기다리면 안 되는 이유

Why You Shouldn't Wait for the 'Perfect Timing'

스토아 철학 엿보기

You could leave life right now. Let that determine what you do and say and think.

Marcus Aurelius, Meditations, 2.11

당신은 지금 이 순간 생을 마감할 수도 있다. 이 사실을 당신의 행동과 말, 그리고 생각을 결정하는 기준으로 삼아라.

마르쿠스 아우렐리우스, 명상록, 2.11

스토아식으로 생각하기

Your time is your life. Treat each moment as if it were your last. Avoid idle distractions and trivial pursuits that bring no value or meaning to your life. Ask yourself regularly: "If today were my last day, is this how I would want to spend it?" By aligning your actions with what truly matters, you ensure that your time is used wisely. Guard against wasting time by being intentional with your choices. Remember, a focused and purposeful life is built one meaningful moment at a time. Time well spent is life well lived.

시간은 곧 여러분의 삶입니다. 각 순간을 마지막 순간처럼 살아가세요. 아무런 의미도 없는 방해 요소나 삶에 아무런 가치를 더하지 않는 사소한 일들에 시간을 낭비하지 마세요. 스스로에게 주기적으로 물어보세요. "오늘이 내 인생의 마지막 날이라면, 이렇게 시간을 보내고 싶은가?" 행동을 진정 중요한 것들과 일치시킬 때, 시간을 더 현명하게 사용할 수 있습니다. 선택에 의도를 담아 시간을 낭비하지 않도록 하세요. 집중되고 목적 있는 삶은 하나하나의 의미 있는 순간들이 모여서 만들어진다는 것을 기억하세요. 시간을 잘 쓰는 것이 곧 잘 사는 것입니다.

idle 쓸모없는 **distraction** 방해 요소 **pursuits** 추구하는 일 **align your actions** 행동을 일치시키다
guard 경계하다 **intentional** 의도적인 **purposeful** 목적 의식이 있는

010 하루의 끝에서 삶의 진실을 마주하기
Facing the Truth at the End of Your Day

스토아 철학 엿보기

Consider how you have behaved until now. Let this daily reflection guide your future conduct.

Marcus Aurelius, *Meditations*, 5.31

지금까지 당신이 어떻게 행동했는지 생각해 보라. 이러한 하루의 성찰이 당신의 미래 행동을 이끄는 기준이 되게 하라.

마르쿠스 아우렐리우스, 명상록, 5.31

스토아식으로 생각하기

At the end of each day, take time to reflect on how you lived. Ask yourself: "Did my actions align with my values today, or did I simply go through the day without intention?" Honest self-reflection is a tool for growth, not judgment. Celebrate your progress, no matter how small, and identify areas for improvement. This simple habit prepares your mind to rest peacefully and sets the foundation for a better tomorrow. By making reflection a daily habit, you strengthen your ability to live intentionally and stay true to what matters most. Growth starts with awareness.

하루의 끝에서 여러분이 어떻게 살았는지 돌아볼 시간을 가지세요. 스스로에게 물어보세요. "오늘 나의 행동이 내 가치와 일치했는가, 아니면 그저 하루를 흘려보냈는가?" 정직한 자기 성찰은 비난이 아니라 성장을 위한 도구입니다. 작더라도 자신의 진전을 축하하고, 개선할 부분을 찾아보세요. 이 간단한 습관은 마음을 편안히 쉬게 하고 더 나은 내일을 위한 기초를 마련해 줍니다. 성찰을 매일의 습관으로 만들면, 의도적으로 살고 가장 중요한 것에 집중할 수 있는 능력이 강화됩니다. 성장은 인식에서 시작됩니다.

align with one's values 가치와 일치하다 **go through the day** 하루를 보내다 **intention** 의도
self-reflection 자기 성찰 **improvement** 개선 **awareness** 인식

스토아식으로 실행하기 | 각 글귀의 핵심 질문들을 다시 보고 내가 생각하는 바를 적어 보세요.

1. **Am I starting my day with purpose or just reacting?**
   나는 하루를 목적 의식 있게 시작하는가, 아니면 단순히 반응하는가?

   _____
   _____

2. **Am I starting with distractions or inner peace?**
   나는 혼란한 아침을 시작하는가, 아니면 평온 속에서 시작하는가?

   _____
   _____

3. **Does this emotion help me achieve my goal today?**
   이 감정이 오늘 나의 목표를 이루는 데 도움이 되는가?

   _____
   _____

4. **What matters most today?**
   오늘 가장 중요한 것은 무엇인가?

   _____
   _____

5. **Is this truly worth my energy?**
   이 일이 정말 내 에너지를 쏟을 가치가 있는가?

   _____
   _____

6. **Am I shaping my day with intention, or am I letting circumstances control it?**
   나는 의도적으로 하루를 설계하는가, 아니면 주어진 상황에 휘둘리는가?

   _____

   _____

7. **Does this align with my values?**
   이 일이 내 가치와 맞는가?

   _____

   _____

8. **Am I fully present, or am I distracted by the past or future?**
   나는 지금 이 순간에 온전히 있는가, 아니면 과거 또는 미래에 휘둘리고 있는가?

   _____

   _____

9. **If today were my last day, is this how I would want to spend it?**
   오늘이 내 인생의 마지막 날이라면, 이렇게 시간을 보내고 싶은가?

   _____

   _____

10. **Did my actions align with my values today, or did I simply go through the day without intention?**
    오늘 나의 행동이 내 가치와 일치했는가, 아니면 그저 하루를 흘려보냈는가?

    _____

    _____

CHAPTER 2

• Clear Vision •

Setting Meaningful Goals

• 인생의 북극성을 찾아서 •

의미 있는 목표 설정하기

011 혼란 속에서 길을 찾는 법
Finding Your Path in Chaos

스토아 철학 엿보기

If a person knows not to which port they sail, no wind is favorable.

Seneca, *Letters to Lucilius*, 71.3

어디로 향하는지 모르면, 어떤 바람도 순풍이 되지 않는다.

세네카, *루킬리우스에게 보낸 편지*, 71.3

스토아식으로 생각하기

When life feels chaotic, don't waste energy on distractions. Start by defining your destination. Ask yourself: "What do I truly want in life?" Naming your goals gives purpose to your actions. Without a clear direction, even your best efforts can be wasted. Begin by identifying the "port" you want to reach.

삶이 혼란스럽고 방향을 잃은 듯 느껴질 때, 주의를 분산시키는 일에 에너지를 낭비하지 마세요. 먼저 목적지를 정하세요. 스스로에게 물어보세요. "내가 인생에서 진정으로 원하는 것은 무엇인가?" 목표에 이름을 붙이면 행동에 의미가 생깁니다. 분명한 방향 없이는 아무리 노력해도 헛될 수 있습니다. 여러분이 가고자 하는 '항구'를 정의하는 것부터 시작하세요.

favorable 유리한 **distraction** 집중을 방해하는 것 **define** 정의하다 **destination** 목적지
purpose 목적 **name** 이름을 짓다 **clear** 명확한

012 통제할 수 있는 것에서 시작하라
Start with What You Can Control

스토아 철학 엿보기

You have power over your mind—not outside events. Realize this, and you will find strength.

Marcus Aurelius, *Meditations*, 4.7

당신은 외부 사건에 의해서가 아닌, 스스로 마음을 통제할 힘이 있다. 이 사실을 깨닫는다면, 진정한 힘을 찾을 수 있을 것이다.

마르쿠스 아우렐리우스, 명상록, 4.7

스토아식으로 생각하기

Life often feels overwhelming when you focus on what you can't control. The key to reducing this chaos is to shift your attention to what you can change—your thoughts, actions, and responses. Instead of worrying about external events, use your energy to shape your mindset. Ask yourself: "Am I focusing on what I can control?" By taking ownership of your inner world, you create a strong foundation for clarity and resilience. Your true power lies within.

통제할 수 없는 것들에 너무 집중하면 삶이 벅차게 느껴질 수 있습니다. 이런 혼란을 줄이는 방법은 바꿀 수 있는 것들(생각, 행동, 반응)에 집중하는 것입니다. 외부 사건에 대해 걱정하는 대신, 여러분의 에너지를 내면의 변화를 만드는 데 사용하세요. 스스로에게 물어보세요. "나는 통제할 수 있는 것에 집중하고 있는가?" 내면 세계를 돌보고 책임질 때, 명료함과 회복력의 튼튼한 기반이 마련됩니다. 진정한 힘은 내면에 있습니다.

control 통제하다 **overwhelming** 견디기 힘든 **mindset** 사고방식 **take ownership** 책임을 지다
resilience 회복력

013 내면에서 목표를 발견하기
Finding Your Goals Within

스토아 철학 엿보기

Dig within. Within is the wellspring of good; and it is always ready to bubble up, if you just dig.

Marcus Aurelius, *Meditations*, 7.59

스스로의 내면을 파헤쳐 보라. 선의 원천이 그 안에 있고, 파헤치기만 하면 언제든 솟아오른다.

마르쿠스 아우렐리우스, 명상록, 7.59

스토아식으로 생각하기

The world is full of noise and distractions that pull you away from your true self. To find clarity, you must look inward. Your inner voice—the wellspring of good—is always there, but you must make an effort to hear it. Take a moment each day to sit in silence and reflect. Ask yourself: "What truly matters to me?" By connecting with your inner self, you gain insight into your values and purpose. The answers you seek are already within you. You just need to uncover them.

세상은 여러분을 진정한 자신으로부터 멀어지게 만드는 소음과 방해로 가득합니다. 명확함을 찾으려면 내면을 들여다보아야 합니다. 여러분의 내면의 목소리, 즉 선이 샘솟는 곳은 항상 존재하지만, 그것을 들으려면 노력이 필요합니다. 매일 잠시 고요 속에서 자신을 돌아보는 시간을 가져 보세요. 스스로에게 물어보세요. "나에게 진정 중요한 것은 무엇인가?" 내면과 연결되면, 여러분은 자신의 가치와 목적에 대한 통찰을 얻을 수 있습니다. 여러분이 찾는 답은 이미 여러분 안에 있습니다. 그것을 내면에서 발견하기만 하면 됩니다.

wellspring 원천 **noise** 소음 **look inward** 내면을 들여다보다 **connect with your inner self** 내면과 연결되다 **value** 가치 **uncover** 발견하다

014 복잡한 목표는 실패한다
Overcomplicated Goals Lead to Failure

스토아 철학 엿보기

Ask yourself at every moment: Is this necessary?

Marcus Aurelius, *Meditations*, 4.24

매 순간 스스로에게 물어보라. '이것이 정말 필요한가?'

마르쿠스 아우렐리우스, 명상록, 4.24

스토아식으로 생각하기

In pursuit of your goals, complexity often creates unnecessary stress. Simplify by focusing on what truly matters. When faced with tasks or decisions, pause and ask: "Is this essential to achieving my goals?" Let go of distractions, obligations, or expectations that do not align with your purpose. Simplicity brings clarity and frees your energy for what truly matters. By reducing the unnecessary, you create space for greater focus and progress.

여러분의 목표를 추구할 때, 복잡함은 불필요한 스트레스를 초래합니다. 정말 중요한 것에만 집중하며 단순화하세요. 과제나 결정을 앞두고, 잠시 멈춰서 "이것이 내 목표를 이루는 데 필수적인가?"라고 스스로에게 물어보세요. 목적에 부합하지 않는 방해, 의무, 기대를 내려놓으세요. 단순함은 명료함을 가져다주고, 여러분의 에너지를 진정 중요한 일에 사용할 수 있도록 해 줍니다. 불필요한 것을 줄임으로써 더 큰 집중과 진전을 위한 공간을 만들 수 있습니다.

overcomplicated 지나치게 복잡한 **pursuit** 추구 **complexity** 복잡함 **simplify** 단순화하다
essential 필수적인 **distraction** 방해 요소 **obligation** 의무 **clarity** 명료함

015 목표가 방향을 결정한다
Goals Define Your Path

스토아 철학 엿보기

First say to yourself what you would be; and then do what you have to do.

Epictetus, *Discourses*

먼저 스스로에게 어떤 사람이 되고 싶은지 말해 보라. 그리고 해야 할 일을 하라.

에픽테토스, 담화록

스토아식으로 생각하기

Goals are not just tasks to accomplish; they are the compass that guides your life. Take a moment to define the person you want to be and the values you want to uphold. Every decision you make should align with this vision. Ask yourself: "Does this action lead me closer to the person I aspire to become?" By clarifying who you want to be, you create a roadmap for your daily actions. Direction comes from intention, and progress begins with a clear vision of your goals.

목표는 단순히 이루어야 할 과제가 아니라, 여러분의 삶을 이끄는 나침반입니다. 잠시 시간을 내어 여러분이 되고 싶은 사람과 여러분이 따라야 할 가치를 정의해 보세요. 여러분이 내리는 모든 결정은 이 비전에 부합해야 합니다. 스스로에게 물어보세요. "이 행동이 내가 되고자 하는 사람에게 더 가까이 이끄는가?" 자신이 되고자 하는 모습을 명확히 하면, 일상적인 행동을 위한 로드맵이 만들어집니다. 방향은 의도에서 나오며, 진전은 명확한 목표에서 시작됩니다.

path 방향 **accomplish** 완수하다 **compass** 나침반 **uphold** 유지하다, 옹호하다 **aspire** 열망하다
create a roadmap 로드맵을 만들다 **intention** 의도 **progress** 진전

016 목적과 수단을 혼동하지 마라
Do Not Confuse Means with Ends

스토아 철학 엿보기

Accordingly, say and do everything in conformity with the soundest reason. For such a purpose frees a man from trouble, and warfare, and all artifice and ostentatious display.

Marcus Aurelius, *Meditations*, 4.54

따라서 가장 건전한 이성에 따라 모든 것을 말하고 행동하라. 그러한 목적은 인간을 고난과 전쟁, 모든 계략과 과시적인 행동으로부터 자유롭게 한다.

마르쿠스 아우렐리우스, 명상록, 4.54

스토아식으로 생각하기

In pursuing your goals, it's easy to confuse the tools you use with the purpose you aim to achieve. Money, status, or recognition might seem important, but they are only means to an end, not the goal itself. Take a moment to reflect on why you do what you do. Ask yourself: "Does this action serve my higher purpose, or is it merely satisfying a temporary desire?" By focusing on principles and the greater meaning behind your goals, you avoid being distracted by superficial pursuits. True progress comes from staying anchored to your ultimate purpose.

목표를 추구하는 과정에서 여러분은 종종 수단과 목적을 혼동하기 쉽습니다. 돈, 지위, 인정은 중요한 것처럼 보일 수 있지만, 이는 단지 목표를 향한 수단일 뿐이고, 목표 자체가 아닙니다. 잠시 멈춰 서서 여러분이 하는 일의 이유를 되돌아보세요. 스스로에게 물어보세요. "이 행동이 더 높은 목적을 이루는 데 기여하는가, 아니면 단순히 일시적인 욕구를 채우고 있는가?" 원칙과 목표 뒤에 있는 더 큰 의미에 집중함으로써 피상적인 추구에 흔들리지 않을 수 있습니다. 진정한 진전은 궁극적인 목적에 단단히 뿌리를 두고 있을 때 이루어집니다.

confuse 혼동하다 **means** 수단 **end** 목적 **in conformity with ~** ~에 따라서 **sound** 건전한 **reason** 이성 **artifice** 책략, 계략 **ostentatious** 과시하는 **merely** 단순히 **superficial pursuits** 피상적인 추구 **anchor** 단단히 기반을 두다 **ultimate purpose** 궁극적인 목적

017 나만의 북극성을 찾아라
Set Your Own North Star

스토아 철학 엿보기

Set your eyes on the Supreme Good, just as sailors follow the stars to navigate their course.

Seneca, *Letters to Lucilius*, 95.44

최고선의 목표를 바라보라. 마치 선원들이 별을 따라 항로를 정하듯이.

세네카, *루킬리우스에게 보낸 편지*, 95.44

스토아식으로 생각하기

Having a clear sense of purpose is like navigating by a North Star—it keeps you on the right path, even when life feels uncertain. Take time to reflect on what truly motivates you. Ask yourself: "What is the ultimate goal I want to pursue?" This goal should act as your guide, shaping your decisions and actions. It's not about having every step mapped out, but about knowing your true destination. A well-defined North Star helps you filter out distractions and stay focused on what matters. When your purpose is clear, your journey becomes simpler, and every step gains meaning.

명확한 목적을 갖는 것은 북극성을 따라가는 것과 같습니다. 삶이 불확실할 때도 길을 잃지 않도록 도와줍니다. 무엇이 여러분을 진정으로 움직이게 하는지 돌아보세요. 스스로에게 물어보세요. "내가 추구하고 싶은 궁극적인 목표는 무엇인가?" 이 목표가 여러분의 선택과 행동을 이끄는 지침이 되어야 합니다. 모든 단계를 계획할 필요는 없습니다. 중요한 건 진정한 목적지를 아는 것입니다. 뚜렷한 북극성은 불필요한 것에 휩쓸리지 않고, 더 중요한 일에 집중할 수 있게 도와줍니다. 목적이 명확하면 그 여정이 단순해지고, 모든 걸음이 의미를 갖게 됩니다.

North Star 북극성 **navigate** 항해하다 **uncertain** 불확실한 **motivate** 동기를 부여하다 **ultimate** 궁극적인 **map out** 계획하다 **destination** 목적지 **well-defined** 윤곽이 뚜렷한 **filter out** 여과하여 제거하다

018 목표는 유연해야 한다
Goals Must Be Flexible

스토아 철학 엿보기

It is not the things themselves that disturb us, but our judgments about those things.

Epictetus, *Enchiridion*, 5

우리를 불안하게 하는 것은 사물이 아니라, 그 사물에 대한 우리의 판단이다.

에픽테토스, 엥케이리디온, 5

스토아식으로 생각하기

As you work toward your goals, unexpected challenges or changes may arise. Instead of holding on too tightly to a specific plan, be open to adjusting your approach. Flexibility doesn't mean giving up on your goal—it means adapting to circumstances while staying true to your purpose. Ask yourself: "Is my current path still the best way forward?" By reevaluating and refining your steps, you can navigate challenges with greater resilience. Goals that evolve with you are more likely to lead to lasting success.

목표를 향해 나아가다 보면 예상치 못한 도전이나 변화가 찾아올 수 있습니다. 특정한 계획에 너무 집착하지 말고, 상황에 맞게 접근 방식을 조정할 준비를 하세요. 유연함은 목표를 포기하는 것이 아니라, 목적에 충실하면서 상황에 적응하는 것을 의미합니다. 스스로에게 물어보세요. "현재의 방향이 여전히 최선의 길인가?" 단계를 재평가하고 개선하면, 도전을 더 탄력적으로 극복할 수 있습니다. 여러분과 함께 진화하는 목표는 지속적인 성공으로 이어질 가능성이 더 높습니다.

disturb 불안하게 하다   **arise** 발생하다   **tightly** 단단히, 꽉   **be open to** ~ ~의 여지가 있다
approach 접근 방식   **flexibility** 유연함   **adapt** 적응하다   **circumstance** 상황   **reevaluate**
재평가하다   **refine** 개선하다   **navigate challenges** 도전을 헤쳐 나가다   **evolve** 진화하다

019 작은 단계로 시작하라
Start with Small Steps

스토아 철학 엿보기

No great thing is created suddenly, just as a fig must blossom, bear fruit, and ripen in time.

Epictetus, *Discourses*, 1.15

위대한 것은 갑자기 이루어지지 않는다. 무화과가 꽃을 피우고, 열매를 맺고, 익어가는 데 시간이 필요하듯이.

에픽테토스, 담화록, 1.15

스토아식으로 생각하기

Great achievements don't happen overnight; they require patience and consistent effort. Like a fruit that blossoms, bears fruit, and ripens, your goals will grow step by step. Start with small, manageable actions today. Ask yourself: "What is one thing I can nurture now that will lead to greater results later?" By respecting the process and embracing gradual progress, you build a foundation for lasting success. Even the smallest steps count when taken consistently.

위대한 성취는 하룻밤에 이루어지지 않습니다. 인내와 꾸준한 노력이 필요합니다. 꽃이 피고, 열매를 맺고, 익어 가는 과일처럼 여러분의 목표도 차근차근 성장해 나갑니다. 오늘 당장 시작할 수 있는 작은 실천을 찾아보세요. 스스로에게 물어보세요. "지금 키워 나가면 나중에 더 큰 결과로 이어질 수 있는 것은 무엇인가?" 과정의 가치를 인정하고, 점진적인 진전을 받아들일 때 지속적인 성공의 기반이 만들어집니다. 작은 걸음이라도 꾸준히 이어 간다면 의미 있는 일이 됩니다.

fig 무화과 **bear** (열매를) 맺다 **ripen** 익다 **achievement** 성취 **require** 요구하다 **patience** 인내
consistent 꾸준한 **nurture** 육성하다 **embrace gradual progress** 점진적인 진전을 받아들이다
build a foundation 기반을 다지다 **count** 중요하다

목표는 단지 도구다
Goals Are Just Tools

스토아 철학 엿보기

A ship should not ride on a single anchor, nor life on a single hope.

Epictetus, *The Golden Sayings of Epictetus*

배를 단 하나의 닻에 묶지 말고, 삶을 단 하나의 희망에 묶지 말라.

에픽테토스, 에픽테토스의 황금격언집

스토아식으로 생각하기

Goals are important, but they are not the ultimate purpose of life—they are tools to guide your actions and growth. Don't become so attached to a single goal that you lose sight of other possibilities or resist change. Ask yourself: "Am I flexible enough to adjust my course when necessary?" True success comes not from rigidly achieving one goal, but from growing through the process. Use your goals as a compass, but don't let them define your worth. Your value lies in how you grow, not just in what you achieve.

목표는 중요하지만, 그것이 삶의 궁극적인 목적은 아닙니다. 목표는 여러분의 행동과 성장을 이끄는 도구일 뿐입니다. 단 하나의 목표에 지나치게 집착해서 다른 가능성을 놓치거나 변화에 적응하지 못하는 실수를 범하지 마세요. 스스로에게 물어보세요. "나는 필요할 때 유연하게 방향을 조정할 수 있는가?" 진정한 성공은 하나의 목표를 이루는 것이 아니라, 그 과정을 통해 성장하는 데 있습니다. 목표를 나침반처럼 활용하되, 그것이 여러분의 가치를 결정하도록 두지 마세요. 여러분의 가치는 단순히 무엇을 성취하느냐가 아니라, 어떻게 성장하느냐에 달려 있습니다.

anchor 닻 ultimate 궁극적인 lose sight of ~ ~을 놓치다 flexible 유연한 rigidly 엄격하게
compass 나침반

스토아식으로 실행하기 | 각 글귀의 핵심 질문들을 다시 보고 내가 생각하는 바를 적어 보세요.

1. What do I truly want in life?
내가 인생에서 진정으로 원하는 것은 무엇인가?

_____
_____

2. Am I focusing on what I can control?
나는 통제할 수 있는 것에 집중하고 있는가?

_____
_____

3. What truly matters to me?
나에게 진정 중요한 것은 무엇인가?

_____
_____

4. Is this essential to achieving my goals?
이것이 내 목표를 이루는 데 필수적인가?

_____
_____

5. Does this action lead me closer to the person I aspire to become?
이 행동이 내가 되고자 하는 사람에게 더 가까이 이끄는가?

_____
_____

6. **Does this action serve my higher purpose, or is it merely satisfying a temporary desire?**
   이 행동이 더 높은 목적을 이루는 데 기여하는가, 아니면 단순히 일시적인 욕구를 채우고 있는가?

   _____
   _____

7. **What is the ultimate goal I want to pursue?**
   내가 추구하고 싶은 궁극적인 목표는 무엇인가?

   _____
   _____

8. **Is my current path still the best way forward?**
   현재의 방향이 여전히 최선의 길인가?

   _____
   _____

9. **What is one thing I can nurture now that will lead to greater results later?**
   지금 키워 나가면 나중에 더 큰 결과로 이어질 수 있는 것은 무엇인가?

   _____
   _____

10. **Am I flexible enough to adjust my course when necessary?**
    나는 필요할 때 유연하게 방향을 조정할 수 있는가?

    _____
    _____

CHAPTER 3

Clarity of Purpose

Defining Your Path

・목적의 명확함・

나만의 길을 정하기

021 삶의 방향이 불분명할 때
Finding Purpose Amid Uncertainty

스토아 철학 엿보기

Concentrate every minute like a Roman—on doing what's in front of you with precision and purpose. Free yourself from all other distractions.

Marcus Aurelius, Meditations, 2.5

로마인처럼 매 순간 집중하라. 눈앞의 일을 정확하고 목적 있게 수행하라. 그리고 다른 모든 방해 요소에서 자유로워져라.

마르쿠스 아우렐리우스, 명상록, 2.5

스토아식으로 생각하기

When life feels uncertain, it's easy to drift aimlessly, losing focus to trivial things. But remember, your life has a greater purpose. Ask yourself: "Am I focusing on what truly matters, or am I being pulled in different directions?" By freeing yourself from distractions and focusing on what's meaningful, you can direct your energy more effectively. Life is not about wandering without direction; it's about channeling your efforts into what truly counts. Today, recognize your purpose and act accordingly.

삶이 불확실할 때, 우리는 사소한 것들에 집중력을 빼앗기고 목표 없이 떠돌기 쉽습니다. 하지만 삶에는 더 큰 목적이 있다는 것을 기억하세요. 스스로에게 물어보세요. "나는 정말 중요한 일에 집중하고 있는가, 아니면 여기저기 휘둘리고 있는가?" 방해 요소에서 벗어나 의미 있는 목표에 집중하면, 에너지를 더 효과적으로 사용할 수 있습니다. 삶은 목적 없이 방황하는 것이 아니라, 가치 있는 것에 노력을 집중하는 것입니다. 오늘 하루, 목적을 인식하고 그에 맞게 행동하세요.

amid ~ 중에 **uncertainty** 불분명함 **precision** 정확성 **drift aimlessly** 목적 없이 떠돌다 **trivial** 사소한 **being pulled in different directions** 여기저기 휘둘리다 **wander** 헤매다 **channel** (돈, 생각 등을) 쏟다

022 자기 이해, 모든 것의 시작
Self-Knowledge: The First Step

스토아 철학 엿보기

Know, first, who you are, and then adorn yourself accordingly.

Epictetus, Discourses, 3.1

먼저 당신이 누구인지 알고, 그에 맞게 스스로를 꾸며라.

에픽테토스, 담화록, 3.1

스토아식으로 생각하기

Before setting a path in life, take the time to understand who you are. What are your core values, strengths, and priorities? Without this foundation, any goal you pursue may feel empty or disconnected. Reflect on the traits and qualities that make you unique, and ask yourself: "Am I living in alignment with my true self?" By knowing yourself deeply, you can set goals that resonate with your authentic self. Self-awareness is not just the first step to clarity—it's the foundation of a purposeful and fulfilling life.

여러분의 삶의 방향을 정하기 전에, 먼저 자신을 이해하는 시간이 필요합니다. 여러분의 핵심 가치, 강점, 우선순위는 무엇인가요? 이런 기초 없이 세운 목표는 공허하거나 연결성이 없이 느껴질 수 있습니다. 여러분을 특별하게 만드는 특성과 자질을 돌아보세요. 그리고 스스로에게 물어보세요. "나는 진정한 나와 조화를 이루며 살고 있는가?" 자신을 깊이 이해함으로써, 진정한 자아와 조화를 이루는 목표를 세울 수 있습니다. 자신을 아는 것은 명확함을 얻는 출발점일 뿐 아니라, 의미 있고 충만한 삶의 기초가 됩니다.

adorn 꾸미다 **accordingly** 그에 맞춰 **core values** 핵심 가치 **empty** 공허한 **trait** 특성 **live in alignment with** 조화를 이루며 살다 **resonate with ~** ~와 깊이 연결되다 **authentic self** 진정한 자아 **self-awareness** 자기 인식 **foundation** 기반, 기초 **fulfilling** 충만한

023 진정한 자신과의 대화
A Conversation with Your True Self

스토아 철학 엿보기

The soul becomes dyed with the color of its thoughts.

Marcus Aurelius, *Meditations*, 5.16

영혼은 생각의 색으로 물든다.

마르쿠스 아우렐리우스, 명상록, 5.16

스토아식으로 생각하기

Your inner voice reflects the quality of your thoughts. If your mind is filled with fear or doubt, your actions will mirror that. But when you cultivate clarity, gratitude, and purpose, your inner world becomes your greatest guide. Take a moment each day to sit quietly and observe your thoughts. Ask yourself: "Are my thoughts leading me closer to my purpose, or are they pulling me away?" By aligning your thoughts with your goals, you create a foundation for purposeful action. What you feed your mind shapes the life you build.

여러분의 내면의 목소리는 여러분의 생각을 그대로 비춥니다. 만약 두려움이나 의심으로 가득 차 있다면, 여러분의 행동도 자연스럽게 그렇게 나타날 것입니다. 하지만 마음속에 명확함, 감사, 그리고 목적을 키운다면, 내면은 여러분을 가장 잘 이끄는 안내자가 될 수 있습니다. 매일 잠시 조용히 앉아 자신의 생각에 집중해보세요. 그리고 스스로에게 물어보세요. "내 생각이 나를 목표에 더 가까이 이끌고 있는가, 아니면 멀어지게 하고 있는가?" 생각을 목표와 맞추면, 여러분은 의미 있는 행동을 할 수 있는 기반을 만들 수 있습니다. 마음속에 어떤 생각을 들이느냐가 여러분의 삶을 결정합니다.

inner voice 내면의 목소리 **cultivate** 키우다 **clarity** 명확함 **gratitude** 감사 **observe** 관찰하다
align thoughts with goals 생각을 목표와 맞추다 **purposeful action** 의미 있는 행동

024 삶의 본질은 단순하다
Life's Essence Is Simplicity

스토아 철학 엿보기

A happy life is one which is in accordance with its own nature.

Seneca, *De Vita Beata*

행복한 삶이란 자신의 본성에 따라 사는 삶이다.

세네카, 행복한 삶에 관하여

스토아식으로 생각하기

A meaningful life doesn't have to be complicated. Instead of chasing too many goals or trying to do everything, focus on what truly brings you peace and fulfillment. Take a moment to reflect on your current priorities. Ask yourself: "Does this align with the life I truly want to live?" By simplifying your purpose, you reduce stress and create space for what matters most. A simple purpose is not less meaningful—it is more powerful because it allows you to focus your energy and live with clarity.

의미 있는 삶은 복잡할 필요가 없습니다. 너무 많은 목표를 좇거나 모든 것을 하려고 애쓰는 대신, 여러분에게 진정한 평온과 만족을 주는 것에 집중하세요. 지금 여러분이 중요하다고 생각하는 것들을 돌아보세요. 그리고 스스로에게 물어보세요. "이것이 내가 살고 싶은 삶과 맞닿아 있는가?" 목적을 단순화하면 스트레스를 줄이고, 정말 중요한 것에 집중할 여유를 만들 수 있습니다. 단순한 목적이 결코 의미가 적은 것은 아닙니다. 오히려 에너지를 집중하게 하고, 더 명확한 삶을 살게 해 주는 강력한 힘이 됩니다.

simplicity 단순함 **meaningful** 의미 있는 **fulfillment** 만족감 **current** 현재의 **simplify** 단순화하다 **clarity** 명확함

025 진정한 나를 찾는 과정
Discovering Your Authentic Self

스토아 철학 엿보기

Reflect on what you truly value and pursue; let your actions be guided by self-reflection and doing what is right.

Marcus Aurelius, *Meditations*, 10.11

무엇을 진정으로 소중히 여기며 추구하는지 스스로에게 묻고, 자기 성찰과 올바른 행동을 삶의 기준으로 삼으라.

마르쿠스 아우렐리우스, 명상록, 10.11

스토아식으로 생각하기

Life becomes clearer when you understand your "why"—the deeper reason behind everything you do. Take a moment to think about what truly motivates you. Ask yourself: "What gives my life meaning, even in difficult times?" When your purpose is strong, challenges become stepping stones rather than obstacles. Your "why" doesn't have to be perfect or complete— it just needs to resonate with you. Start by exploring what makes you feel alive, and let this guide your daily actions. The journey to discovering your true self is one of the most fulfilling paths you can take.

삶은 여러분의 "왜"를 이해할 때 훨씬 더 선명해집니다. 여러분이 하는 모든 일의 깊은 이유를 찾아 보세요. 당신을 진정으로 움직이게 하는 것이 무엇인지 잠시 생각해 보세요. 스스로에게 물어보세요. "어려운 시기에도 내 삶에 의미를 주는 것은 무엇인가?" 목적이 분명하다면, 어려움은 장애물이 아니라 디딤돌이 됩니다. 여러분의 "왜"가 완벽하거나 거창할 필요는 없습니다. 단지 여러분에게 울림이 있으면 됩니다. 여러분을 생동감 있게 만드는 것이 무엇인지 탐구해 보세요. 그리고 그것을 여러분의 일상적인 행동의 나침반으로 삼으세요. 진정한 나를 발견하는 여정은 삶에서 가장 충만한 길 중 하나가 될 것입니다.

authentic 진짜인 **pursue** 추구하다 **self-reflection** 자기 성찰 **motivate** 동기를 부여하다
obstacle 방해물 **resonate** 공명하다 **fulfilling** 충만한

026 진정한 나를 위한 큰 그림을 보라
See the Bigger Picture for Your True Self

스토아 철학 엿보기

What is not good for the hive is not good for the bee.

Marcus Aurelius, *Meditations*, 6.54

벌집에 좋지 않은 것은 벌에게도 좋지 않다.

마르쿠스 아우렐리우스, 명상록, 6.54

스토아식으로 생각하기

When you're unsure of your priorities, think about the bigger picture. Your choices impact not just you, but also those around you. Take a moment to ask yourself: "Does this choice align with what is good for both myself and others?" Decisions that support the greater good often bring the most fulfillment and meaning. By focusing on what truly matters, you free yourself from distractions and avoid wasting time on trivial. Purpose becomes clearer when you consider how your actions contribute to the well-being of the whole.

우선순위가 혼란스러울 때는 더 큰 그림을 생각해 보세요. 여러분의 선택은 자신뿐만 아니라 주변 사람들에게도 영향을 미칩니다. 잠시 시간을 가지고 스스로에게 물어보세요. "이 결정이 나와 다른 이들에게 모두 유익한가?" 더 큰 선을 위한 선택은 가장 큰 만족과 의미를 가져옵니다. 진정 중요한 것에 집중하면, 불필요한 방해 요소에서 자유로워지고, 사소한 일에 시간을 낭비하지 않을 수 있습니다. 여러분의 행동이 전체의 행복에 어떻게 기여하는지를 고민할 때, 목적은 더욱 분명해집니다.

hive 벌집 **priorities** 우선순위 **impact** 영향을 주다 **trivial** 사소한 **contribute** 기여하다 **selfish pursuits** 자기중심적인 추구

027 나만의 길을 개척하라
Forge Your Own Path

스토아 철학 엿보기

The proper work of a man is to live in accordance with his nature.

Marcus Aurelius, *Meditations*, 7.55

인간의 올바른 일은 자신의 본성에 따라 사는 것이다.

마르쿠스 아우렐리우스, 명상록, 7.55

스토아식으로 생각하기

Your path in life doesn't need to look like anyone else's. Each person has their own unique nature, strengths, and sense of purpose. Instead of comparing yourself to others, focus on discovering what feels right and authentic to you. Ask yourself: "Am I living in alignment with who I truly am, or am I following someone else's path?" When you define your own path, you live with more clarity and confidence. Embrace your individuality, and trust that staying true to yourself will lead you to a fulfilling and meaningful life.

여러분의 삶은 누구와도 같을 필요가 없습니다. 각자 고유한 본성과 강점, 그리고 목적을 가지고 있기 때문입니다. 다른 사람과 비교하는 대신, 여러분에게 진정으로 맞고 자연스러운 길이 무엇인지 탐색해 보세요. 스스로에게 물어보세요. "나는 내 모습 그대로 살아가고 있는가, 아니면 다른 사람의 길을 따라가고 있는가?" 자신만의 길을 정하면, 더 명확한 방향과 자신감을 갖게 됩니다. 여러분의 개성을 받아들이고, 진정한 나에게 충실할 때 삶은 더욱 만족스럽고 의미 있어집니다.

forge 나아가다 **proper** 적절한 **define one's own path** 자신만의 길을 정의하다 **confidence** 자신감 **embrace** 받아들이다 **individuality** 개성 **fulfilling** 만족시키는

028 선택의 순간마다 스스로에게 질문하라
Question Yourself at Every Decision

스토아 철학 엿보기

Don't explain your philosophy. Embody it.

Epictetus, *Discourses*, 3.21

당신의 철학을 설명하지 말고, 그 철학을 몸소 보여 줘라.

에픽테토스, *담화록*, 3.21

스토아식으로 생각하기

Your values and philosophy should be reflected in how you live, not just in what you say. At every decision, big or small, pause and ask yourself: "Does this choice align with my principles?" Words alone are not enough; it is through consistent action that your purpose becomes clear. Living your philosophy means letting your values guide your actions every day. Small, mindful decisions build a life of integrity and purpose. The more you act in line with your principles, the stronger and more meaningful your path becomes.

여러분의 가치관과 철학은 말이 아니라, 삶 속에서 드러나야 합니다. 크든 작든 선택의 순간마다 잠시 멈춰 스스로에게 물어보세요. "이 선택이 내 원칙과 일치하는가?" 말만으로는 충분하지 않습니다. 꾸준한 행동을 통해 목적을 더욱 명확하게 만듭니다. 자신의 철학을 따른다는 것은 매일의 행동이 가치관을 반영하도록 하는 것입니다. 작은 신중한 결정들이 모여 진정성 있고 목적 있는 삶을 만들어 갑니다. 원칙에 따라 행동할수록 여러분의 길은 더욱 단단해지고 깊이를 더할 것입니다.

philosophy 철학 **embody** 구현하다 **values** 가치관 **principle** 원칙 **mindful** 신중한 **integrity** 진정성 **in line with ~** ~에 따라

029 삶의 목적은 단순히 생존이 아니다
Life's Purpose Is More Than Survival

스토아 철학 엿보기

It is not death that a man should fear, but he should fear never beginning to live.

Marcus Aurelius, *Meditations*, 12.1

우리가 두려워해야 할 것은 죽음이 아니라, 진정한 삶을 시작하지 못하는 것이다.

마르쿠스 아우렐리우스, 명상록, 12.1

스토아식으로 생각하기

Living a meaningful life requires more than simply avoiding problems or surviving challenges. Too often, we let imagined fears or anxieties prevent us from pursuing our true purpose. Ask yourself: "Am I living to avoid discomfort, or am I striving for something greater?" Growth happens when you move beyond survival mode. Focus on what inspires you, not just what keeps you safe. Your purpose isn't to merely exist—it's to thrive and create a life that reflects your deepest values.

의미 있는 삶은 단순히 어려움을 피하거나 생존하는 것 이상을 요구합니다. 우리는 종종 막연한 두려움과 불안에 사로잡혀, 진정으로 원하는 삶을 미루곤 합니다. 스스로에게 물어보세요. "나는 불편함을 피하며 살고 있는가, 아니면 더 큰 무언가를 향해 나아가고 있는가?" 성장은 생존을 넘어설 때 시작됩니다. 단순히 안전을 지키는 것이 아니라, 진정으로 나를 움직이는 것에 집중하세요. 삶의 목적은 단순히 존재하는 것이 아닙니다. 성장하며 가장 깊은 가치를 반영하는 삶을 창조하는 것입니다.

fear 두려워하다 **require** 요구하다 **anxiety** 불안감 **prevent** 막다 **discomfort** 불편함 **strive for ~** ~을 얻으려고 노력하다 **move beyond survival mode** 생존 모드를 넘어 나아가다 **merely** 그저, 단지 **thrive** 성장하다

길은 스스로 만들어 가는 것이다
The Path Is Made by Walking It

스토아 철학 엿보기

The impediment to action advances action. What stands in the way becomes the way.

Marcus Aurelius, *Meditations*, 5.20

행동을 가로막는 장애물은 곧 행동을 촉진한다. 길을 막는 것이 곧 길이 된다.

마르쿠스 아우렐리우스, 명상록, 5.20

스토아식으로 생각하기

Your path in life won't always be clear, and obstacles are inevitable. But every challenge is an opportunity for growth and new direction. When you face difficulties, ask yourself: "How can I use this situation to move forward?" Challenges don't block your path—they are the path. Embrace setbacks as part of the journey, and let them shape your growth. By taking small, consistent steps even in the face of adversity, you create your own way forward. The road to purpose isn't given—it's made with every decision you take.

삶의 길이 언제나 명확한 것은 아니며, 장애물은 피할 수 없습니다. 하지만 모든 도전은 성장과 새로운 방향의 기회가 됩니다. 어려움에 부딪힐 때 스스로에게 물어보세요. "이 상황을 어떻게 활용해 앞으로 나아갈 수 있을까?" 장애물은 길을 막는 것이 아니라, 그것 자체가 길이 됩니다. 좌절을 성장의 일부로 여기고, 그것이 나를 단단하게 만들도록 받아들이세요. 역경 속에서도 한 걸음씩 꾸준히 나아가다 보면, 길은 스스로 만들어집니다. 목적을 향한 길은 그냥 주어진 것이 아니라, 여러분의 선택으로 만들어지는 것입니다.

impediment 장애물 advance 진전시키다 obstacle 장애물 inevitable 불가피한 block 막다
embrace 받아들이다 setback 차질 adversity 역경 purpose 목적

스토아식으로 실행하기 | 각 글귀의 핵심 질문들을 다시 보고 내가 생각하는 바를 적어 보세요.

1. **Am I focusing on what truly matters, or am I being pulled in different directions?**
   나는 정말 중요한 것에 집중하고 있는가, 아니면 여기저기 휘둘리고 있는가?

   _____
   _____

2. **Am I living in alignment with my true self?**
   나는 진정한 나와 조화를 이루며 살고 있는가?

   _____
   _____

3. **Are my thoughts leading me closer to my purpose, or are they pulling me away?**
   내 생각이 나를 목표에 더 가까이 이끌고 있는가, 아니면 멀어지게 하고 있는가?

   _____
   _____

4. **Does this align with the life I truly want to live?**
   이것이 내가 살고 싶은 삶과 맞닿아 있는가?

   _____
   _____

5. **What gives my life meaning, even in difficult times?**
   어려운 시기에도 내 삶에 의미를 주는 것은 무엇인가?

   _____
   _____

6. Does this choice align with what is good for both myself and others?
이 결정이 나와 다른 이들에게 모두 유익한가?

_____
_____

7. Am I living in alignment with who I truly am, or am I following someone else's path?
나는 내 모습 그대로 살아가고 있는가, 아니면 다른 사람의 길을 따라가고 있는가?

_____
_____

8. Does this choice align with my principles?
이 선택이 내 원칙과 일치하는가?

_____
_____

9. Am I living to avoid discomfort, or am I striving for something greater?
나는 불편함을 피하며 살고 있는가, 아니면 더 큰 무언가를 향해 나아가고 있는가?

_____
_____

10. How can I use this situation to move forward?
이 상황을 어떻게 활용해 앞으로 나아갈 수 있을까?

_____
_____

CHAPTER 4

• Courage to Act •
Overcoming Fear and Doubt

• 용기의 기술 •
두려움과 의심을 극복하기

031 두려움을 직면하는 것이 시작이다
Facing Fear Is the First Step

스토아 철학 엿보기

He who fears death will never do anything worth of a man who is alive.

Seneca, *Letters to Lucilius*, 24.4

죽음을 두려워하는 자는 결코 살아 있는 자답게 가치 있는 일을 해내지 못할 것이다.

세네카, 루킬리우스에게 보낸 편지, 24.4

스토아식으로 생각하기

Fear often stops you from taking action, but avoiding fear only makes it stronger. The first step to overcoming fear is to face it directly. Take a moment to identify what you're afraid of and ask yourself: "What is the worst that could happen, and can I handle it?" Most fears lose their power when examined closely. By confronting fear, you take back control and open the door to courage. Remember, meaningful actions require stepping into discomfort. Facing fear is the beginning of all progress.

두려움은 종종 여러분을 멈춰 세웁니다. 하지만 피하려 할수록 더 커질 뿐입니다. 두려움을 극복하는 첫걸음은 그것을 정면으로 마주하는 것입니다. 먼저, 무엇이 두려운지 분명히 하고 스스로에게 물어보세요. "가장 나쁜 상황은 무엇인가? 그리고 나는 그것을 감당할 수 있는가?" 대부분의 두려움은 가까이 들여다볼수록 힘을 잃습니다. 두려움을 직면하는 순간, 여러분은 다시 통제권을 되찾고 용기로 나아갈 문을 열게 됩니다. 의미 있는 행동은 불편함을 받아들이는 데서 시작됩니다. 두려움을 마주하는 것이 모든 성장의 출발점입니다.

face fear 두려움을 마주하다 **overcome** 극복하다 **identify** 확인하다 **examine** 들여다보다
confront 직면하다 **courage** 용기 **discomfort** 불편함 **progress** 진전

032 두려움은 마음속에서 만들어진다
Fear Is Born in the Mind

스토아 철학 엿보기

Men are not afraid of things, but of how they view them.

Epictetus, *Enchiridion*, 5

사람을 두렵게 만드는 것은 사물이 아니라, 그것을 바라보는 방식이다.

에픽테토스, 엥케이리디온, 5

스토아식으로 생각하기

Fear often feels real, but it is usually shaped by how you interpret a situation, not by the situation itself. When you feel afraid, pause and ask yourself: "Am I reacting to the situation itself, or to how I imagine it?" By separating facts from your interpretations, you can reduce unnecessary fear and make clearer decisions. Fear is powerful only when you allow it to be. Instead, focus on what is true and within your control. Training your mind to challenge fear can transform it into strength and clarity.

두려움은 종종 실제처럼 느껴지지만, 대부분 상황 그 자체보다 우리가 그것을 어떻게 해석하느냐에 달려 있습니다. 두려움을 느낄 때 잠시 멈춰 스스로에게 물어보세요. "나는 지금 이 상황을 있는 그대로 보고 있는가, 아니면 내 머릿속에서 만들어 낸 두려움에 반응하고 있는가?" 사실과 해석을 분리하면 불필요한 두려움을 덜어내고 더 명확한 결정을 내릴 수 있습니다. 두려움은 여러분이 허락할 때만 힘을 가집니다. 대신, 사실에 집중하고, 여러분이 통제할 수 있는 것에 초점을 맞추세요. 두려움을 직면하는 연습을 하면, 그것은 오히려 힘과 명확함으로 바뀔 수 있습니다.

interpret 해석하다 **imagine** 상상하다, 여기다 **interpretation** 해석 **transform** 변형시키다
strength 힘 **clarity** 명확함

033 용기는 두려움을 넘어서는 힘이다
Courage Is Strength Beyond Fear

스토아 철학 엿보기

Do not be swept away by first impressions. Pause and say: 'Wait, let me see what you really are.'

Epictetus, *Discourses*, 2.18

첫인상에 휩쓸리지 마라. 멈추고 말하라. '잠깐, 네가 무엇인지 보겠다.'

에픽테토스, *담화록*, 2.18

스토아식으로 생각하기

Courage isn't about never feeling fear; it's about pausing and deciding how to respond when fear arises. When you're overwhelmed by a situation, take a step back and evaluate it. Ask yourself: "Is this fear based on reality, or am I reacting too quickly?" By slowing down and examining the source of your fear, you can see it for what it truly is. Often, fear loses its power when you approach it calmly and thoughtfully. Practice pausing before reacting, and you'll find strength to face even the toughest moments.

용기란 두려움을 느끼지 않는 것이 아니라, 두려운 마음이 생길 때 잠시 멈추고 어떻게 대응할지 결정하는 것입니다. 어떤 상황으로 인해 힘이 들 때 한 걸음 물러서서 평가해 보세요. "이 두려움은 실제인가, 아니면 내가 너무 급하게 반응하는 것인가?" 천천히 두려움의 원천을 들여다보면 두려움의 참모습을 볼 수 있습니다. 두려움은 종종 차분히 신중하게 다가가면 힘을 잃게 됩니다. 즉각 반응하기보다 잠시 멈추고 바라보는 연습을 해보세요. 그러면 가장 어려운 순간에도 흔들리지 않을 힘이 생길 것입니다.

courage 용기 **sweep away** 휩쓸다 **impression** 인상 **respond** 반응하다 **be overwhelmed by** 압도되다 **evaluate** 평가하다 **reality** 현실 **calmly** 차분히 **thoughtfully** 신중하게

034 두려움을 받아들이고 활용하라
Accept and Use Fear to Your Advantage

스토아 철학 엿보기

Never let the future disturb you. You will face it, armed with the same reason that guides you today.

Marcus Aurelius, *Meditations*, 7.8

미래를 걱정하지 마라. 필요할 때가 오면, 지금처럼 이성을 무기로 맞설 것이다.

마르쿠스 아우렐리우스, 명상록, 7.8

스토아식으로 생각하기

Fear doesn't have to be your enemy—it can become your guide if you use it wisely. When fear arises, don't push it away or let it control you. Instead, ask yourself: "What is this fear trying to tell me? How can I use it to prepare or improve?" Fear often highlights areas where attention or growth is needed. By leaning into it and letting it focus your efforts, you can turn it into a tool for success. Fear isn't meant to stop you; it's there to help you act more decisively and with greater awareness.

두려움은 적이 아닙니다. 잘 활용하면 오히려 유용한 도구가 될 수 있습니다. 두려움을 느낄 때 억누르거나 두려움이 여러분을 다스리게 하지 말고, 스스로에게 물어보세요. "이 두려움이 나에게 무엇을 말하려 하는가? 대처하고 개선하는 데 있어 두려움을 어떻게 활용할 것인가?" 두려움은 관심 또는 성장이 필요한 곳을 강조합니다. 두려움을 활용해서 여러분의 노력에 집중하게 한다면 두려움을 성공의 도구로 바꿀 수 있습니다. 두려움은 여러분을 막기 위해 존재하는 것이 아닙니다. 더 높은 자각을 가지고 더욱 단호하게 행동할 수 있게 도와줍니다.

armed with ~ ~로 무장한　**reason** 이성　**arise** (두려움이) 생겨나다　**push away** 밀어내다, 억누르다　**highlight** 강조하다, 부각하다　**lean into** 받아들이고 활용하다　**turn into** ~로 바꾸다　**decisively** 단호히　**awareness** 자각, 인식

035 작은 행동이 두려움을 이긴다
Small Actions Defeat Fear

스토아 철학 엿보기

If you want to improve, be content to be thought foolish and stupid.

Epictetus, *Enchiridion*, 13

여러분이 발전하고 싶다면, 어리석고 멍청하다는 평가를 받아들일 준비를 하라.

에픽테토스, 엥케이리디온, 13

스토아식으로 생각하기

Fear often feels overwhelming because we imagine it as something huge and unbeatable. But fear loses its power when you take small, simple actions. Start with one manageable step toward what scares you and ask yourself: "What's the smallest thing I can do today to face this fear?" Small actions build confidence and momentum, turning fear into growth. Don't let the fear of looking foolish stop you from trying. Every step, no matter how small, weakens the grip of fear and strengthens your courage.

두려움은 우리가 그것을 거대한 장애물로 상상할 때 더 강해집니다. 하지만 작은 행동 하나라도 시작하면 두려움의 힘은 약해집니다. 여러분을 두렵게 하는 것에 한 걸음 다가가며, 스스로에게 물어보세요. "오늘 내가 두려움에 맞설 수 있는 가장 작은 행동은 무엇인가?" 작은 실천이 쌓이면 자신감과 동력이 생기고, 두려움은 성장으로 바뀝니다. 어리석어 보일까 두려운 마음에 시도조차 못하는 일이 없도록 하세요. 아무리 작더라도 한 걸음씩 나아갈 때마다 두려움은 약해지고, 용기는 강해집니다.

defeat 패배시키다 **be content to** ~ 기꺼이 ~하려 하는 **unbeatable** 패배시킬 수 없는
manageable 감당할 수 있는 **momentum** 동력 **grip** 지배

036 과거는 두려움이 될 필요가 없다
The Past Doesn't Have to Be Your Fear

스토아 철학 엿보기

The past is done—do not let it trouble your present. Focus on what you can do now, and act with clarity.

Seneca, *Letters to Lucilius*

과거는 이미 끝났다. 그것이 현재를 괴롭히지 못하게 하라. 지금 할 수 있는 것에 집중하고, 분명하게 행동하라.

세네카, *루킬리우스에게 보낸 편지*

스토아식으로 생각하기

Your past doesn't need to disturb you. Mistakes, regrets, or missed chances don't have to hold you back. They are behind you, and they can't hurt you unless you let them. Ask yourself: "Am I stuck reliving something I cannot change?" Use the reason and strength you have today to leave the past behind and focus on the present. By letting go of yesterday, you free yourself to move forward with clarity. What happened before is gone; what matters is what you choose to do now.

과거는 여러분을 붙잡아 둘 필요가 없습니다. 실수와 후회, 놓쳐버린 기회는 이미 지나갔고, 붙잡지 않는 한 더 이상 여러분을 괴롭힐 수 없습니다. "나는 바꿀 수 없는 일에 머물러 있는가?" 스스로에게 물어보세요. 지금 여러분이 가진 이성과 힘을 사용해 과거를 내려놓고 현재에 집중하세요. 어제의 무게를 덜어낼 때, 더 가벼운 마음으로 앞으로 나아갈 수 있습니다. 과거는 지나갔고, 중요한 것은 지금 여러분이 어떤 선택을 하느냐입니다.

leave the past behind 과거를 뒤로하다 **focus on the present** 현재에 집중하다 **move forward** 앞으로 나아가다 **clarity** 명확함

037 용기는 선택에서 시작된다
Courage Begins with a Choice

스토아 철학 엿보기

No man is free who is not master of himself.

Epictetus, *Discourses*, 4.1

스스로를 통제하지 못하는 사람은 결코 자유로울 수 없다.

에픽테토스, 담화록, 4.1

스토아식으로 생각하기

Courage starts with a decision—a decision to take control of your thoughts, emotions, and actions. Fear often arises when you feel powerless, but true freedom and bravery come when you decide to be the master of yourself. Ask yourself: "Am I letting fear or impulse control my choices, or am I choosing what aligns with my values?" Small, intentional decisions build the foundation for a courageous life. The more you practice controlling your inner world, the freer you become.

용기는 하나의 선택에서 시작됩니다. 생각과 감정, 행동의 주인이 되기로 결심하는 순간에 말입니다. 두려움은 무력감을 느낄 때 피어오르지만, 진정한 자유와 용기는 스스로를 다스리겠다는 결단에서 비롯됩니다. 스스로에게 물어보세요. "나는 두려움과 충동에 휘둘리고 있는가, 아니면 내 가치에 따라 선택하고 있는가?" 매일의 작고 의도적인 선택이 쌓여 용기 있는 삶의 기초가 됩니다. 내면을 다스리는 연습을 할수록, 더 자유로운 사람이 됩니다.

courage 용기　**take control of ~** ~을 통제하다　**freedom** 자유　**bravery** 용기　**impulse** 충동
align with one's values 자신의 가치와 일치하다　**intentional** 의도적인　**inner world** 내면 세계

038 용기는 반복에서 온다
Courage Comes from Repetition

스토아 철학 엿보기

Practice yourself, for heaven's sake, in little things; and thence proceed to greater.

Epictetus, Discourses, 1.18

사소한 일에서부터 스스로를 단련하라. 그래야 더 큰 일도 해낼 수 있다.

에픽테토스, 담화록, 1.18

스토아식으로 생각하기

Courage is not something you achieve in a single moment—it is built through small, repeated actions. Start by practicing bravery in the little things: speaking up when you're afraid, trying something new, or stepping outside your comfort zone. Ask yourself: "What small step can I take today to strengthen my courage?" As you face small fears, your confidence grows, and bigger challenges become less intimidating. Courage is like a muscle—the more you train it, the stronger it becomes.

용기는 한순간에 얻어지는 것이 아닙니다. 작은 행동을 반복하며 점차 길러지는 것입니다. 먼저 사소한 일에서 용기를 연습해 보세요. 두려워도 의견을 말하고, 새로운 것을 시도하며, 익숙한 환경에서 벗어나 보세요. 스스로에게 물어보세요. "오늘 내가 용기를 키우기 위해 할 수 있는 작은 행동은 무엇인가?" 작은 두려움을 하나씩 마주할 때마다 자신감이 생기고, 더 큰 도전도 덜 두렵게 느껴집니다. 용기는 근육과 같습니다. 꾸준히 훈련할수록 더 강해집니다.

repetition 반복 **for heaven's sake** 부디 **thence** (고어) 그 뒤에 **proceed** 나아가다 **bravery** 용기 **comfort zone** 익숙한 환경 **intimidating** 위축감을 주는 **muscle** 근육

039 두려움은 실재하지 않는다
Fear Is Not Real

스토아 철학 엿보기

Today I escaped anxiety. Or no, I discarded it, because it was within me.

Marcus Aurelius, *Meditations*, 9.13

오늘 나는 불안에서 벗어났다. 아니, 불안을 버렸다. 그것이 내 안에 있었을 뿐이니까.

마르쿠스 아우렐리우스, 명상록, 9.13

스토아식으로 생각하기

Fear often feels overwhelming, but when you examine it closely, you realize it exists only in your mind. The situations we fear are rarely as bad as we imagine. When fear arises, pause and ask yourself: "Is this fear real, or is it something I'm creating?" By recognizing that fear is often a product of your thoughts, you can begin to let it go. Replace fear with calm reasoning, and focus on what you can control. Most fears vanish when you shine the light of understanding on them.

두려움은 종종 거대하고 압도적으로 느껴지지만, 자세히 들여다보면 그것은 결국 여러분의 마음속에서만 존재하는 것임을 알게 됩니다. 우리가 두려워하는 상황은 대개 상상하는 것만큼 나쁘지 않습니다. 두려움이 올라올 때 잠시 멈추고 스스로에게 물어보세요. "이 두려움은 실재하는가, 아니면 내가 만들어 낸 것인가?" 두려움이 대부분 생각의 산물임을 깨닫게 되면, 그것을 내려놓기 시작할 수 있습니다. 두려움을 차분한 이성으로 다스리고, 여러분이 통제할 수 있는 것에 집중하세요. 대부분의 두려움은 이해의 빛을 비추면 자연스럽게 사라집니다.

anxiety 불안 **discard** 버리다 **rarely** 거의 ~하지 않는 **recognize** 인지하다 **product** 산물
replace 대체하다 **vanish** 사라지다

040 결국 용기는 삶의 본질이다
Courage Is the Essence of Life

스토아 철학 엿보기

Difficulties reveal a person's true character.

Epictetus, *Discourses*, 1.24.1

어려움은 한 인간의 진짜 모습을 드러낸다.

에픽테토스, 담화록, 1.24.1

스토아식으로 생각하기

Struggles and challenges are unavoidable parts of life, but they don't have to be feared. Instead of avoiding them, approach them with courage and strength. Ask yourself: "What can I learn from this challenge, and how can it help me grow?" Every obstacle is an opportunity to strengthen your character and build resilience. When you face struggles with an open heart and a steady mind, you discover that courage isn't just a tool—it's a way of living. Embrace the challenges on your path, and let them shape you into a stronger, braver person.

고난과 도전은 피할 수 없는 삶의 일부지만, 두려워할 필요는 없습니다. 피하기보다는 용기와 힘으로 마주하세요. 스스로에게 물어보세요. "이 도전에서 무엇을 배울 수 있을까? 이것이 나를 어떻게 성장시킬까?" 모든 장애물은 성격을 강화시키고 회복탄력성을 키우기 위한 기회입니다. 고난을 열린 마음과 흔들리지 않는 정신으로 맞설 때, 용기는 단순한 도구가 아니라 삶의 방식이 됩니다. 여러분의 길에 놓인 도전을 받아들이고, 그것이 여러분을 더 강하고 용감한 사람으로 만들어 주도록 하세요.

essence 본질 **reveal** 드러내다 **struggle** 고난 **unavoidable** 피할 수 없는 **resilience** 복원력
steady 안정된, 흔들리지 않는 **way of living** 삶의 방식 **embrace** 받아들이다

스토아식으로 실행하기 | 각 글귀의 핵심 질문들을 다시 보고 내가 생각하는 바를 적어 보세요.

1. **What is the worst that could happen, and can I handle it?**
   가장 나쁜 상황은 무엇인가? 그리고 나는 그것을 감당할 수 있는가?

   _____
   _____

2. **Am I reacting to the situation itself, or to how I imagine it?**
   나는 지금 이 상황을 있는 그대로 보고 있는가, 아니면 내 머릿속에서 만들어 낸 두려움에 반응하고 있는가?

   _____
   _____

3. **Is this fear based on reality, or am I reacting too quickly?**
   이 두려움은 실제인가, 아니면 내가 너무 급하게 반응하는 것인가?

   _____
   _____

4. **What is this fear trying to tell me? How can I use it to prepare or improve?**
   이 두려움이 나에게 무엇을 말하려 하는가? 대처하고 개선하는 데 있어 두려움을 어떻게 활용할 것인가?

   _____
   _____

5. **What's the smallest thing I can do today to face this fear?**
   오늘 내가 두려움에 맞설 수 있는 가장 작은 행동은 무엇인가?

   _____
   _____

6. Am I stuck reliving something I cannot change?
　　나는 바꿀 수 없는 일에 머물러 있는가?

　　_____
　　_____

7. Am I letting fear or impulse control my choices, or am I choosing what aligns with my values?
　　나는 두려움과 충동에 휘둘리고 있는가, 아니면 내 가치에 따라 선택하고 있는가?

　　_____
　　_____

8. What small step can I take today to strengthen my courage?
　　오늘 내가 용기를 키우기 위해 할 수 있는 작은 행동은 무엇인가?

　　_____
　　_____

9. Is this fear real, or is it something I'm creating?
　　이 두려움은 실재하는가, 아니면 내가 만들어 낸 것인가?

　　_____
　　_____

10. What can I learn from this challenge, and how can it help me grow?
　　이 도전에서 무엇을 배울 수 있을까? 이것이 나를 어떻게 성장시킬까?

　　_____
　　_____

CHAPTER 5

• Emotional Resilience •
Mastering Your Emotions

• 혼들리지 않는 마음 •
감정을 다스리는 힘

041 감정의 본질을 이해하라
Understand the Nature of Emotions

스토아 철학 엿보기

If you suffer due to something external, remember—it is your judgment, not the thing itself, that troubles you. And you have the power to erase it immediately.

Marcus Aurelius, Meditations, 8.47

외부의 일로 고통받고 있다면 기억하라. 너를 괴롭게 하는 것은 그것이 아니라, 그것에 대한 너의 판단이다. 그리고 그 판단은 즉시 지울 수 있다.

마르쿠스 아우렐리우스, 명상록, 8.47

스토아식으로 생각하기

Emotions are not caused by events themselves, but by how you interpret those events. Imagine a sudden change in your plans—do you see it as a disaster, or as an opportunity to adapt? Ask yourself: "Am I giving this situation more power over me than it deserves?" Your emotions are shaped by your judgments, and the good news is that you can change those judgments. By choosing to see situations differently, you can reduce unnecessary suffering and respond with calm and clarity. Emotions don't control you—you control how you see situations and how you react.

감정은 사건 자체가 아니라, 그 사건을 어떻게 해석하느냐에 따라 달라집니다. 갑작스럽게 계획이 바뀌면, 그것을 재앙으로 볼 것인가, 아니면 적응할 기회로 받아들일 것인가요? 스스로에게 물어보세요. "이 상황에 내가 필요 이상으로 영향 받고 있지는 않은가?" 감정은 판단에서 비롯되며, 다행히 그 판단은 바꿀 수 있습니다. 상황에 대한 시각을 바꾸면 불필요한 고통을 줄이고, 더 차분하고 명확하게 대응할 수 있습니다. 감정이 여러분을 지배하는 것이 아니라, 여러분이 상황을 어떻게 받아들이고 반응할지 선택하는 것입니다.

suffer 고통 받다 external 외부의 judgment 판단 erase 지우다 immediately 즉시 interpret 해석하다 disaster 재앙 adapt 적응하다 unnecessary 불필요한 react 반응하다

042 마음을 다스리는 힘은 내 손 안에 있다
The Power Over Your Mind Is Yours

스토아 철학 엿보기

We cannot choose our external circumstances, but we can always choose how we respond to them.

Epictetus, Discourses

우리는 외부 상황을 선택할 수 없지만, 그에 대한 우리의 반응은 언제나 선택할 수 있다.

에픽테토스, 담화록

스토아식으로 생각하기

Many people feel helpless because they try to control things outside their influence. But true strength lies in understanding what you can control: your mind, your thoughts, and your actions. When you feel overwhelmed by external events, pause and ask yourself: "Is this something within my power to change, or is it beyond me?" By focusing on your thoughts and choices, you gain the freedom to respond calmly and wisely. The more you master your mind, the less external events can disturb your peace.

많은 사람들이 통제할 수 없는 것들을 바꾸려 하다가 무력함을 느낍니다. 하지만 진정한 힘은 통제할 수 있는 것, 즉 마음과 생각, 행동에 집중할 때 나옵니다. 외부 상황에 압도될 때 잠시 멈추고 스스로에게 물어보세요. "이것은 내가 바꿀 수 있는 것인가, 아니면 나의 통제를 벗어난 것인가?" 생각과 선택에 집중하면 차분하고 지혜롭게 대처할 자유를 얻게 됩니다. 마음을 다스리는 법을 익힐수록 외부 사건에 흔들리지 않고 평온을 유지할 수 있습니다.

circumstance 환경 **helpless** 무력한 **be beyond** ~ ~가 할 수 없는 정도이다 **gain** 얻다 **wisely** 지혜롭게 **disturb** 방해하다

043 화가 날 땐 스스로를 돌아보라
Reflect on Yourself in Moments of Anger

스토아 철학 엿보기

Do not be angry at others for their mistakes. Instead, reflect on your own flaws.

Epictetus, *Discourses*, 1.18

다른 이들의 실수에 화를 내지 마라. 대신, 너 자신의 결점을 돌아보라.

에픽테토스, *담화록*, 1.18

스토아식으로 생각하기

Anger often arises when we focus too much on others' faults without considering our own. Next time you feel offended, pause and ask yourself: "Have I ever made a similar mistake?" By shifting the focus to your own imperfections, you soften your anger and gain perspective. Anger loses its grip when you use it as an opportunity to grow and improve yourself. Instead of blaming others, reflect on what you can learn from the situation. Self-reflection transforms anger into understanding and helps you maintain emotional balance.

분노는 타인의 실수에만 집중하고, 스스로를 돌아보지 않을 때 더욱 커집니다. 다음에 화가 날 때는 잠시 멈춰 스스로에게 물어보세요. "나도 비슷한 실수를 한 적이 있지 않은가?" 시선을 남이 아닌 자기 자신의 부족함으로 돌리면, 분노는 누그러지고 상황을 더 넓게 바라볼 수 있습니다. 분노는 성장과 배움의 기회로 삼을 때 힘을 잃습니다. 남을 비난하기보다는, 이 상황에서 배울 수 있는 것은 무엇일까 생각해 보세요. 자기 성찰은 분노를 이해로 바꾸고, 감정을 더 균형 있게 다스릴 수 있도록 도와줍니다.

flaw 결점　**feel offended** 기분이 상하다, 화가 나다　**shift** 바꾸다, 전환하다　**imperfections** 부족함
soften 누그러지게 하다　**gain perspective** 시야를 넓히다　**lose one's grip** 지배력을 잃다　**blame**
비난하다　**self-reflection** 자기 성찰　**anger** 분노　**transform A into B** A를 B로 바꾸다

044 반응을 선택하는 힘
The Power to Choose Your Reaction

스토아 철학 엿보기

It's not what happens to you, but how you react to it that matters.

Epictetus, *Enchiridion*, 5

중요한 것은 당신에게 무슨 일이 일어나느냐가 아니라, 그것에 어떻게 반응하느냐이다.

에픽테토스, 엥케이리디온, 5

스토아식으로 생각하기

You can't control everything that happens to you, but you can always choose how you respond. When faced with a difficult situation, ask yourself: "Am I reacting impulsively, or am I choosing a response that aligns with my values?" By pausing to reflect before reacting, you take control of your emotions instead of letting them control you. Every reaction is an opportunity to show strength, wisdom, and self-restraint. The power to choose your reaction is one of the greatest tools for building emotional resilience.

여러분에게 일어나는 모든 일을 통제할 수는 없지만, 그것에 어떻게 반응할지는 항상 선택할 수 있습니다. 어려운 상황에 직면했을 때, 스스로에게 물어보세요. "나는 충동적으로 반응하고 있는가, 아니면 나의 가치에 맞는 선택을 하고 있는가?" 반응하기 전에 잠시 멈추고 생각해 보면 감정이 여러분을 지배하지 못하게 하고, 오히려 여러분이 감정을 통제할 수 있게 됩니다. 모든 반응은 힘과 지혜, 그리고 자기 절제를 보여줄 기회입니다. 자신의 반응을 선택하는 힘은 감정적 회복력을 키우는 가장 강력한 도구 중 하나입니다.

reaction 반응 **impulsively** 충동적으로 **reflect** 성찰하다 **wisdom** 지혜 **self-restraint** 자제력
resilience 회복력

045 감정은 사실이 아니다
Emotions Are Not Facts

스토아 철학 엿보기

Nothing external can disturb your mind unless you allow it. Everything you see is already changing—life is perception.

Marcus Aurelius, *Meditations*, 4.3

외부의 것은 당신의 마음을 흔들 수 없다. 오직 당신이 허락할 때만 가능하다. 지금 당신이 보는 모든 것은 이미 변하고 있다. 삶은 자각 그 자체입니다.

마르쿠스 아우렐리우스, 명상록, 4.3

스토아식으로 생각하기

Emotions often feel absolute, but they are not facts. They are shaped by your perspective and how you interpret the world. When you feel overwhelmed, ask yourself: "Is this how things truly are, or is this just how I see them?" By questioning your emotions, you gain clarity and separate your feelings from reality. Instead of being carried away by strong emotions, step back and observe them. This practice helps you respond thoughtfully and keeps your mind steady, even in challenging situations.

감정은 종종 절대적인 것처럼 느껴지지만, 사실이 아닙니다. 감정은 여러분의 관점과 세상을 어떻게 해석하느냐에 따라 만들어집니다. 감정에 휩싸일 때, 스스로에게 물어보세요. "이것이 실제 상황인가, 아니면 내가 그렇게 바라보고 있는 것인가?" 감정을 의심하면 더 명확하게 보고, 감정과 현실을 구분할 수 있습니다. 강한 감정에 휘둘리기보다 한 발 물러서서 관찰하세요. 이 연습을 통해 신중하게 반응하고, 어려운 상황에서도 마음의 평정을 유지할 수 있습니다.

perception 자각, 통찰력 **perspective** 관점 **interpret** 해석하다 **clarity** 명확성 **separate feelings from reality** 감정과 현실을 분리하다 **be carried away** 자제력을 잃다 **step back** 한 발 물러서다 **observe** 관찰하다 **thoughtfully** 신중하게

046 분노의 대가를 기억하라
Remember the Cost of Anger

스토아 철학 엿보기

How much more harmful are the consequences of anger than the circumstances that aroused it in us?

Marcus Aurelius, Meditations, 11.18

분노를 불러일으킨 상황보다, 그 분노가 초래하는 결과가 훨씬 더 해롭지 않은가?

마르쿠스 아우렐리우스, 명상록, 11.18

스토아식으로 생각하기

Anger often feels justified in the moment, but its consequences can be far more damaging than the situation that triggered it. When you feel anger rising, pause and ask yourself: "Is this reaction worth the harm it might cause?" Anger clouds your judgment and can lead to actions or words you regret later. By practicing patience and perspective, you can prevent anger from taking control. Remember, a moment of restraint can save you from long-term harm and help you maintain emotional balance.

분노는 순간적으로 정당해 보일 수 있지만, 그 결과는 분노를 일으킨 상황보다 훨씬 더 큰 해를 끼칠 수 있습니다. 화가 날 때 잠시 멈추고 스스로에게 물어보세요. "이 반응이 초래할 결과를 감당할 수 있는가?" 분노는 판단력을 흐리게 하고, 나중에 후회할 말이나 행동으로 이어질 수 있습니다. 인내하고 넓은 시각으로 바라보는 연습을 하면, 분노가 여러분을 지배하지 못하게 할 수 있습니다. 한순간의 절제가 오래 남을 상처를 막고, 감정의 균형을 지키는 데 큰 도움이 됩니다.

harmful 해로운 **consequence** 결과 **circumstance** 환경 **arouse** 불러일으키다 **damage** 해를 끼치다 **trigger** 촉발시키다 **cloud one's judgment** 판단력을 흐리게 하다 **restraint** 절제

047 단순한 삶이 마음을 단단하게 한다
A Simple Life Strengthens the Mind

스토아 철학 엿보기

By discarding what is superfluous, you create room for clarity and inner strength.

Marcus Aurelius, Meditations, 8.51

불필요한 것을 버림으로써, 명확함과 내면의 강인함을 위한 공간이 생긴다.

마르쿠스 아우렐리우스, 명상록, 8.51

스토아식으로 생각하기

A complicated life drains the mind, while simplicity strengthens it. By removing what is unnecessary and focusing on what truly matters, you can cultivate a clearer and more resilient mindset. When faced with challenges, don't complain or avoid them—see them as opportunities to grow. Ask yourself: "What can I learn from this situation?" The more you seek simplicity and clarity, the more you'll discover your inner strength, even in difficult times.

복잡한 삶은 마음을 소모시키지만, 단순한 삶은 오히려 마음을 강하게 만듭니다. 불필요한 것을 덜어내고 정말 중요한 것에 집중할 때, 더 명확하고 탄탄한 정신력을 기를 수 있습니다. 도전에 직면했을 때 불평하거나 피하지 말고, 그것을 성장의 기회로 받아들이세요. 스스로에게 물어보세요. "이 상황에서 내가 배울 수 있는 것은 무엇인가?" 단순함과 명료함을 추구할수록, 어려움 속에서도 흔들리지 않는 내면의 힘을 발견하게 될 것입니다.

strengthen 단단하게 하다 **discard** 버리다 **superfluous** 과잉의 **pure** 순수한 **astray** 길을 잃어
cure 치유하다 **complicated** 복잡한 **drain** 소모시키다 **simplicity** 단순함 **cultivate** 구축하다
discover 발견하다 **inner strength** 내면의 힘

어려움은 일시적이다
Difficulties Are Temporary

스토아 철학 엿보기

Difficulties strengthen the mind, as labor does the body.

Seneca, *Letters to Lucilius*

어려움은 노동이 몸을 단련하듯, 정신을 단련한다.

세네카, 루킬리우스에게 보낸 편지

스토아식으로 생각하기

Difficulties never last forever. Like physical labor strengthens the body, challenges strengthen your mind, making it more resilient and focused. When faced with hardship, ask yourself: "What lesson can I learn from this difficulty?" By seeking growth even in tough times, you transform struggles into stepping stones for personal strength. The hardship will pass, but the strength and wisdom you gain from it will stay with you.

어려움은 영원하지 않습니다. 마치 육체적 노동이 몸을 단련하듯, 역경은 마음을 단련하여 더 튼튼하고 집중력이 생기게 합니다. 힘든 순간이 찾아오면 스스로에게 물어보세요. "이 어려움에서 무엇을 배울 수 있을까?" 시련 속에서도 성장의 기회를 찾으면, 고난은 여러분을 더 강하게 만드는 디딤돌이 됩니다. 어려움은 결국 지나가지만, 그 과정에서 얻은 힘과 지혜는 여러분과 함께할 것입니다.

difficulty 어려움 **temporary** 일시적인 **strengthen** 단련하다 **labor** 노동하다 **physical** 신체적인 **hardship** 어려움 **stepping stones** 디딤돌

049 상상 속 고통에서 벗어나라
Escape the Pain of Imagination

스토아 철학 엿보기

We are more often frightened than hurt; and we suffer more in imagination than in reality.

Seneca, *Letters to Lucilius*

우리는 다치는 일보다 두려워하는 일이 더 많고, 현실보다 상상 속에서 더 큰 고통을 겪는다.

세네카, 루킬리우스에게 보낸 편지

스토아식으로 생각하기

We often imagine worst-case scenarios that never actually happen, and these imagined fears can drain our energy. When you feel overwhelmed by worry, pause and ask yourself: "Is this fear based on reality, or am I creating it in my mind?" By focusing on the present and separating real challenges from imagined ones, you free yourself from unnecessary suffering. Most of what we fear exists only in our thoughts, not in reality. Choose to live in the moment and face life as it truly is, not as you imagine it to be.

우리는 실제로 일어나지 않을 최악의 상황을 상상하며 이런 상상 속 두려움은 에너지를 소진하게 하기도 합니다. 걱정이 밀려올 때, 잠시 멈추고 스스로에게 물어보세요. "이 두려움은 실제 상황에서 비롯된 것인가, 아니면 내 머릿속에서 만들어진 것인가?" 현재에 집중하고, 실제 문제와 상상 속 불안을 분리하면 불필요한 고통에서 자유로워질 수 있습니다. 우리가 두려워하는 대부분의 것은 현실이 아니라 생각 속에만 존재합니다. 지금 이 순간을 살며, 상상이 아닌 현실을 직면하는 것을 선택하세요.

escape 탈출하다 **suffer** 고통을 받다 **scenario** 시나리오, 상황 **drain energy** 에너지를 소진하다 **separate** 구분하다 **exist** 존재하다

050 흔들리지 않는 평정의 힘
The Steady Power of Calm

스토아 철학 엿보기

Freedom is the only worthy goal in life. It is won by disregarding things which lie beyond our control.

Epictetus, *Discourses*, 4

자유야말로 삶에서 유일하게 추구할 가치가 있다. 그것은 통제할 수 없는 것을 신경 쓰지 않을 때 비로소 얻어진다.

에픽테토스, 담화록, 4

스토아식으로 생각하기

True freedom comes from focusing on what is within your control and letting go of what is not. When faced with a stressful situation, ask yourself: "Am I reacting to something I cannot change?" By releasing what lies beyond your control, you gain clarity and protect your inner peace. Calmness isn't a lack of action—it's the strength to act wisely without being shaken by external events. Practice letting go of what you can't control, and you'll find the steady power of emotional resilience growing within you.

진정한 자유는 통제할 수 있는 것에 집중하고, 통제할 수 없는 것은 내려놓을 때 얻어집니다. 스트레스를 느낄 때 스스로에게 물어보세요. "나는 지금 바꿀 수 없는 것에 반응하고 있는가?" 통제할 수 없는 것을 놓아 버리면, 명확함을 얻고 내면의 평화를 지킬 수 있습니다. 평정함은 무기력이 아니라, 외부에 흔들리지 않고 현명하게 행동하는 힘입니다. 통제할 수 없는 것을 내려놓는 연습을 하면, 내면에서 성장하는 감정적 회복력의 지속적인 힘을 느낄 수 있을 것입니다.

steady 꾸준한 **worthy** 가치가 있는 **disregard** 무시하다 **release** 놓아 주다 **protect** 보호하다
inner peace 내면의 평화 **calmness** 평정

스토아식으로 실행하기 | 각 글귀의 핵심 질문들을 다시 보고 내가 생각하는 바를 적어 보세요.

1. Am I giving this situation more power over me than it deserves?
이 상황에 내가 필요 이상으로 영향 받고 있지는 않은가?

_____

_____

2. Is this something within my power to change, or is it beyond me?
이것은 내가 바꿀 수 있는 것인가, 아니면 나의 통제를 벗어난 것인가?

_____

_____

3. Have I ever made a similar mistake?
나도 비슷한 실수를 한 적이 있지 않은가?

_____

_____

4. Am I reacting impulsively, or am I choosing a response that aligns with my values?
나는 충동적으로 반응하고 있는가, 아니면 나의 가치에 맞는 선택을 하고 있는가?

_____

_____

5. Is this how things truly are, or is this just how I see them?
이것이 실제 상황인가, 아니면 내가 그렇게 바라보고 있는 것인가?

_____

_____

6. Is this reaction worth the harm it might cause?
이 반응이 초래할 결과를 감당할 수 있는가?
_____
_____

7. What can I learn from this situation?
이 상황에서 내가 배울 수 있는 것은 무엇인가?
_____
_____

8. What lesson can I learn from this difficulty?
이 어려움에서 무엇을 배울 수 있을까?
_____
_____

9. Is this fear based on reality, or am I creating it in my mind?
이 두려움은 실제 상황에서 비롯된 것인가, 아니면 내 머릿속에서 만들어진 것인가?
_____
_____

10. Am I reacting to something I cannot change?
나는 지금 바꿀 수 없는 것에 반응하고 있는가?
_____
_____

CHAPTER 6

• Shifting in Perspective •
Seeing the Bigger Picture

• 시야의 전환 •
더 큰 그림을 그리기

051 시야를 넓혀라
Expand Your Perspective

스토아 철학 엿보기

Objective judgment. Unselfish action. Willing acceptance of all external events. Now, in this moment—that is enough.

Marcus Aurelius, *Meditations*, 9.6

객관적으로 판단하라. 이타적으로 행동하라. 외부의 일을 기꺼이 받아들여라. 지금, 이 순간. 그것이면 충분하다.

마르쿠스 아우렐리우스, 명상록, 9.6

스토아식으로 생각하기

Our judgment of what we hear and see shapes how we understand the world. Instead of rushing to conclusions or reacting impulsively, take a moment to pause and ask yourself: "Am I judging this objectively, or is my view clouded by assumptions or emotions?" Clear, unbiased thinking leads to better decisions and a more balanced perspective. By practicing this mindfulness daily, you can widen your view and approach life with wisdom and calm.

우리가 듣고 보는 것을 어떻게 판단하느냐가 세상을 이해하는 방식을 결정합니다. 서둘러 결론을 내리거나 충동적으로 반응하기 전에 잠시 멈추고 스스로에게 물어보세요. "내가 이 상황을 객관적으로 판단하고 있는가, 아니면 가정이나 감정에 의해 시야가 흐려지고 있는가?" 명확하고 편견 없는 사고는 더 나은 결정과 균형 잡힌 관점을 가져다줍니다. 이런 마음가짐을 매일 연습하면, 시야를 넓히고 삶을 더 지혜롭고 차분하게 대할 수 있습니다.

expand 확장하다 **perspective** 관점, 시각 **objective** 객관적인 **judgment** 판단 **unselfish** 이기적이 아닌 **acceptance** 받아들임 **rush** 서두르다 **conclusion** 결론 **cloud** 흐리게 하다
unbiased 편견 없는

052 문제를 새롭게 바라보라
See Problems in a New Light

스토아 철학 엿보기

When an impression first arises, don't be carried away by it. Say to it: Wait, let me see who you are and what you represent. Let me test you.

Epictetus, Discourses, 2.18.24

어떤 인상이 처음 떠오를 때 휩쓸리지 마라. 이렇게 말하라. '잠깐, 너는 무엇이며 무엇을 의미하는가? 내가 너를 시험해 보겠다.'

에픽테토스, 담화록, 2.18.24

스토아식으로 생각하기

When you first encounter a problem, resist the urge to react immediately. Pause and say to yourself: "What is this really about? Is my reaction based on truth or assumptions?" By testing your initial impression, you can separate facts from your emotions and make better decisions. Problems often seem overwhelming at first, but stepping back helps you see them for what they are. Practice questioning your impressions, and you'll train your mind to respond with clarity and calm, instead of impulsiveness.

문제를 처음 마주했을 때, 즉각 반응하기보다 한 걸음 물러나 보세요. 잠시 멈춰 스스로에게 물어보세요. "이 상황의 본질은 무엇인가? 내 반응이 사실에 근거한 것인가, 아니면 가정에 의한 것인가?" 처음 떠오르는 생각을 곱씹어 보면 감정과 사실을 분리할 수 있고, 더 나은 결정을 내릴 수 있습니다. 문제는 처음엔 압도적으로 보이지만, 거리를 두고 바라보면 실체가 분명해집니다. 순간적인 판단에 휘둘리지 않는 연습을 하면, 충동적인 반응에서 벗어나 더 차분하고 명확하게 대처할 수 있습니다.

be carried away 자제력을 잃다 **represent** 대변하다 **encounter** 마주하다 **resist the urge** 충동을 억제하다 **initial impression** 첫인상 **overwhelming** 압도적인 **step back** 한 걸음 물러나다 **impulsiveness** 충동

053 삶을 넓은 시야로 보라
View Life Through a Wider Lens

스토아 철학 엿보기

We suffer more often in imagination than in reality.

Seneca, *Letters to Lucilius*, 13

우리는 현실보다 상상 속에서 더 자주 고통받는다.

세네카, 루킬리우스에게 보낸 편지, 13

스토아식으로 생각하기

Many of our struggles are not rooted in reality, but in how we imagine and interpret events. When you feel overwhelmed or stressed, ask yourself: "Am I reacting to what's actually happening, or to my fears and assumptions?" By grounding yourself in the present and focusing on facts, you can gain a clearer perspective. Life becomes easier when you stop letting your imagination distort reality. Train your mind to separate what is real from what is imagined, and you'll approach life with more clarity.

우리가 겪는 많은 고통은 현실이 아니라, 사건을 상상하고 해석하는 방식에서 비롯됩니다. 마음이 답답하거나 스트레스를 받을 때, 스스로에게 물어보세요. "나는 지금 실제로 벌어지고 있는 일에 반응하고 있는가, 아니면 내 두려움과 가정에 반응하고 있는가?" 현재에 집중하고 사실에 기반하면 더 명확한 시야를 얻을 수 있습니다. 상상이 현실을 왜곡하도록 내버려 두지 않을 때, 삶은 더 쉬워집니다. 현실과 상상을 구분하는 연습을 통해 더 명확한 태도로 삶을 대하세요.

suffer 고통 받다 **imagination** 상상 **be rooted in ~** ~에 원인이 있다 **interpret** 해석하다 **react** 반응하다 **assumption** 가정 **ground** ~의 기초를 두다 **distort** 왜곡하다

054 사소함에 집착하지 말라
Don't Dwell on Trivialities

스토아 철학 엿보기

How trivial the things we want or regret seem when viewed from above.

Marcus Aurelius, *Meditations*, 9.31

위에서 내려다보면 우리가 원하거나 후회하는 것들이 얼마나 사소해 보이는가.

마르쿠스 아우렐리우스, 명상록, 9.31

스토아식으로 생각하기

When you're caught up in daily frustrations or regrets, remember to step back and gain perspective. Ask yourself: "Will this matter a year from now, or even a month from now?" Many of the things that occupy our thoughts are insignificant in the grand scheme of life. By focusing on what truly matters, you free yourself from unnecessary stress and emotional clutter. Learn to let go of the small things and keep your mind focused on the bigger picture. This shift in perspective brings peace and clarity, even in challenging times.

일상에서 겪는 불만이나 후회에 빠져들 때, 한 발 물러서서 상황을 바라보세요. 스스로에게 물어보세요. "이 일이 일 년 후, 혹은 한 달 후에도 여전히 중요할까?" 우리의 생각을 차지하는 많은 것들은 사실 삶 전체에서 볼 때 사소한 것들입니다. 정말 중요한 것에 집중하면 불필요한 스트레스와 감정적인 혼란에서 벗어날 수 있습니다. 작은 일들을 내려놓고, 더 큰 그림에 마음을 집중하는 법을 배우세요. 이런 관점의 전환은 어려운 상황 속에서도 평화와 명확성을 가져다줍니다.

dwell 살다 **triviality** 사소함 **be caught up in ~** ~에 휘말리다 **frustration** 불만 **occupy** 차지하다 **insignificant** 사소한 **scheme** 계획 **clutter** 어수선함 **shift** 전환

055 위기 속에서 배울 기회를 찾으라
Find Growth in Challenges

스토아 철학 엿보기

Every obstacle is an opportunity to improve our condition.

Epictetus, *Discourses*, 2.5

모든 장애물은 우리를 단련할 기회이다.

에픽테토스, 담화록, 2.5

스토아식으로 생각하기

Challenges may feel like obstacles at first, but they can also be opportunities for growth. When you face a difficult situation, ask yourself: "What can I learn from this? How can this experience make me stronger?" Hardships push us to find new solutions, adapt to change, and become better versions of ourselves. What once seemed like a setback can become a chance to build resilience and creativity. With this mindset, every challenge becomes a step forward.

도전은 처음엔 장애물처럼 보이지만, 성장의 기회가 될 수 있습니다. 어려운 상황에 놓였을 때 스스로에게 물어보세요. "이 경험에서 무엇을 배울 수 있을까? 어떻게 하면 이 경험을 통해 더 강해질 수 있을까?" 어려움은 새로운 해결책을 찾고 변화에 적응하도록 만들며, 더 나은 사람으로 성장하게 합니다. 좌절처럼 보이던 일도 회복력과 창의력을 기를 기회가 될 수 있습니다. 이런 마음가짐을 가진다면, 어떤 도전도 앞으로 나아가는 발판이 됩니다.

growth 성장 **obstacle** 장애물 **hardship** 고난 **solution** 해결책 **adapt** 적응하다 **setback** 좌절 **mindset** 마음가짐

056 내 삶은 더 큰 그림의 일부다
My Life Is Part of a Bigger Picture

스토아 철학 엿보기

Remember that you are part of the whole.

Marcus Aurelius, Meditations, 6.42

여러분은 전체의 일부라는 사실을 기억하세요.

마르쿠스 아우렐리우스, 명상록, 6.42

스토아식으로 생각하기

In the vastness of the world, it's easy to feel small or insignificant. But every person plays a unique role in the larger picture of life. Ask yourself: "What is my role, and how can I contribute to the greater good?" By recognizing that you are part of something bigger, you gain a sense of purpose and belonging. Instead of focusing solely on personal gain, consider how your actions affect others and the world around you. This broader perspective helps you live with more clarity, gratitude, and connection to life's bigger picture.

이 광대한 세상에서 때때로 자신이 보잘것없거나 중요하지 않게 느껴질 수 있습니다. 그러나 모든 사람은 삶의 큰 그림 속에서 저마다의 역할을 맡고 있습니다. 스스로에게 물어보세요. "나는 어떤 역할을 하고 있는가? 더 큰 선을 위해 무엇을 할 수 있을까?" 자신이 더 큰 흐름의 일부라는 것을 깨달으면 목적의식과 소속감을 찾을 수 있습니다. 개인적인 이익에만 집중하는 대신, 내 행동이 주변과 세상에 미치는 영향을 고민해 보세요. 이렇게 시야를 넓히면 삶을 더 명확하게 바라볼 수 있고, 감사하는 마음을 가지며, 삶의 더 큰 그림과 연결되어 살아갈 수 있습니다.

vastness 광대함 **insignificant** 하찮은 **unique** 고유의 **contribute** 기여하다 **recognize** 깨닫다 **a sense of purpose and belonging** 목적의식과 소속감 **solely** 단지 **gratitude** 감사

057 오늘의 문제를 내일의 시각으로
View Today's Problems Through Tomorrow's Lens

스토아 철학 엿보기

Keep constantly in mind how many things you have witnessed change.

Marcus Aurelius, *Meditations*, 10.18

세상에 얼마나 많은 변화가 있었는지 늘 마음에 새겨 두어라.

마르쿠스 아우렐리우스, 명상록, 10.18

스토아식으로 생각하기

Life is constantly changing, yet we often get caught up in temporary struggles, forgetting the bigger picture. Pause and ask yourself: "Is this momentary frustration worth my peace of mind?" By stepping back and reflecting on how many things have already changed in your life, you'll realize that today's problems may not matter tomorrow. Change is inevitable, but it also offers growth and perspective. Train yourself to rise above the immediate and focus on the larger story unfolding in your life.

삶은 끊임없이 변하지만, 우리는 순간의 어려움에 사로잡혀 더 큰 흐름을 잊곤 합니다. 잠시 멈춰 스스로에게 물어보세요. "이 순간의 좌절이 정말 내 평온을 깨뜨릴 만큼 중요한가?" 한 발 물러서서 지나온 변화를 되돌아보면, 오늘의 문제도 결국 사라질 것임을 알게 됩니다. 변화는 피할 수 없지만, 성장과 새로운 시각을 가져다줍니다. 당장 눈앞의 일에 휘둘리지 말고, 인생의 더 큰 흐름을 바라보는 연습을 해 보세요.

constantly 꾸준하게 **witness** 목격하다 **get caught up ~** ~에 사로잡히다 **temporary** 일시적인 **struggle** 어려움 **momentary** 순간의 **inevitable** 불가피한 **rise above** 초월하다 **the immediate** 즉각적인 것들(당장 눈앞의 일들) **unfold** 전개되다

058 한 걸음 물러서서 명확하게 바라보라
Take a Step Back to See Clearly

스토아 철학 엿보기

Withdraw into yourself and look at everything as a passing scene.

Marcus Aurelius, *Meditations*, 4.3

스스로에게로 물러서서, 모든 것을 한순간 스쳐가는 장면처럼 바라보라.

마르쿠스 아우렐리우스, 명상록, 4.3

스토아식으로 생각하기

When you're overwhelmed by a situation, it's easy to feel stuck or reactive. Instead, take a step back and observe what's happening as if you were watching a play unfold. Ask yourself: "If I view this from a distance, how does it change my understanding?" By stepping back, you can see patterns and solutions that weren't obvious before. This practice isn't about avoiding challenges, but about gaining clarity and responding wisely. Life's difficulties often look different when viewed from a broader perspective.

어떤 상황에 압도될 때는 갇힌 느낌이 들거나 감정적으로 반응하기 쉽습니다. 그럴 때 한 발 물러서서, 마치 연극을 보듯 지금 벌어지는 일을 지켜보세요. 스스로에게 물어보세요. "거리를 두고 바라보면 이 상황이 어떻게 다르게 보일까?" 한 걸음 물러서면, 이전에는 보이지 않던 패턴과 해결책이 보이기 시작합니다. 이는 도망치려는 것이 아니라, 더 명확한 시각을 갖고 지혜롭게 대응하는 방법입니다. 인생의 어려움도 더 넓은 관점에서 보면 전혀 다르게 보일 수 있습니다.

withdraw 물러나다 scene 장면 reactive 충동적으로 반응하는 observe 관찰하다 unfold 전개되다 obvious 분명한 gain clarity 명확성을 얻다 perspective 관점

변화를 수용하는 법
Learn to Embrace Change

스토아 철학 엿보기

The universe is change; our life is what our thoughts make it.

Marcus Aurelius, Meditations, 4.3

우주는 끊임없이 변화하고, 우리의 삶은 우리의 생각이 그려내는 것이다.

마르쿠스 아우렐리우스, 명상록, 4.3

스토아식으로 생각하기

Change is inevitable, yet we often resist it, clinging to what feels familiar. Ask yourself: "Am I resisting change because it feels uncomfortable, or because it truly isn't right for me?" By recognizing that change is a constant force in life, you can begin to see it not as a threat, but as an opportunity for growth. Your thoughts shape how you respond to life's changes—choose to see them as possibilities rather than disruptions. When you accept change, you align yourself with the flow of the universe and find peace in its rhythm.

변화는 피할 수 없지만, 우리는 익숙한 것에 집착하며 거부하려 합니다. 스스로에게 물어보세요. "내가 변화를 두려워하는 이유가 단지 불편해서인가, 아니면 진정 나와 맞지 않아서인가?" 변화를 삶의 필연으로 받아들이면, 그것을 위협이 아닌 성장의 기회로 볼 수 있습니다. 우리의 생각이 변화에 대한 반응을 결정합니다―방해가 아닌 가능성으로 바라보세요. 변화를 받아들이면 우주의 흐름에 조화를 이루며 더 깊은 평온을 찾을 수 있습니다.

embrace 수용하다 inevitable 피할 수 없는 resist 저항하다 cling to ~ ~을 고수하다 familiar 친근한 threat 위협 disruption 방해

060 죽음을 생각하며 오늘을 살아라
Live Today with Death in Mind

스토아 철학 엿보기

Think of yourself as dead. You have lived your life. Now, take what's left and live it properly.

Marcus Aurelius, *Meditations*, 7.56

자신을 이미 죽은 사람이라 여기라. 삶은 이미 끝났다고 생각하라. 이제 남은 시간을 올바르게 살아가라.

마르쿠스 아우렐리우스, 명상록, 7.56

스토아식으로 생각하기

When you reflect on death, it's not meant to create fear, but to inspire urgency and focus in life. Ask yourself: "If this were my last day, how would I live it?" Thinking of life in this way helps you let go of trivial concerns and prioritize what truly matters. Death is not an end, but a reminder that time is precious. Live with intention, focus on meaningful actions, and treat every moment as an opportunity to live fully. This mindset transforms how you approach your day and gives life its fullest meaning.

죽음을 떠올리는 것은 두려움을 만들어내는 것이 아니라, 삶에 긴장감과 집중을 불어넣기 위한 것입니다. 스스로에게 물어보세요. "오늘이 마지막 날이라면, 어떻게 살 것인가?" 이렇게 생각하면 사소한 걱정을 내려놓고 진정 중요한 것에 집중할 수 있습니다. 죽음은 끝이 아니라, 시간이 소중하다는 사실을 일깨우는 것입니다. 의도를 가지고 살고, 의미 있는 행동에 집중하며, 매 순간을 온전히 사는 기회로 여겨 보세요. 이 태도가 하루를 대하는 방식을 바꾸고, 삶을 더욱 충만하게 만듭니다.

create 생산하다 inspire 불어넣다 urgency 긴장감 trivial concern 사소한 걱정 prioritize 우선순위를 매기다 precious 소중한 intention 의도

스토아식으로 실행하기 | 각 글귀의 핵심 질문들을 다시 보고 내가 생각하는 바를 적어 보세요.

1. **Am I judging this objectively, or is my view clouded by assumptions or emotions?**
   내가 이 상황을 객관적으로 판단하고 있는가, 아니면 가정이나 감정에 의해 시야가 흐려지고 있는가?

   _____
   _____

2. **What is this really about? Is my reaction based on truth or assumptions?**
   이 상황의 본질은 무엇인가? 내 반응이 사실에 근거한 것인가, 아니면 가정에 의한 것인가?

   _____
   _____

3. **Am I reacting to what's actually happening, or to my fears and assumptions?**
   나는 지금 실제로 벌어지고 있는 일에 반응하고 있는가, 아니면 내 두려움과 가정에 반응하고 있는가?

   _____
   _____

4. **Will this matter a year from now, or even a month from now?**
   이 일이 일 년 후, 혹은 한 달 후에도 여전히 중요할까?

   _____
   _____

5. **What can I learn from this? How can this experience make me stronger?**
   이 경험에서 무엇을 배울 수 있을까? 어떻게 하면 이 경험을 통해 더 강해질 수 있을까?

   _____
   _____

6. **What is my role, and how can I contribute to the greater good?**
   나는 어떤 역할을 하고 있는가? 더 큰 선을 위해 무엇을 할 수 있을까?

   _____

   _____

7. **Is this momentary frustration worth my peace of mind?**
   이 순간의 좌절이 정말 내 평온을 깨뜨릴 만큼 중요한가?

   _____

   _____

8. **If I view this from a distance, how does it change my understanding?**
   거리를 두고 바라보면 이 상황이 어떻게 다르게 보일까?

   _____

   _____

9. **Am I resisting change because it feels uncomfortable, or because it truly isn't right for me?**
   내가 변화를 두려워하는 이유가 단지 불편해서인가, 아니면 진정 나와 맞지 않아서인가?

   _____

   _____

10. **If this were my last day, how would I live it?**
    오늘이 마지막 날이라면, 어떻게 살 것인가?

    _____

    _____

CHAPTER 7

• Wealth and Growth •
Creating Sustainable Success

• 부와 성장의 철학 •
성공을 지속하는 법

061 성공을 재정의하라
Redefine Success

스토아 철학 엿보기

The happiness of your life depends upon the quality of your thoughts.

Marcus Aurelius, *Meditations*, 3.9

삶의 행복은 오로지 당신의 생각에 달려 있다.

마르쿠스 아우렐리우스, 명상록, 3.9

스토아식으로 생각하기

Success isn't measured by wealth or status, but by the quality of your thoughts and the alignment of your actions with your values. Pause and ask yourself: "Am I focusing on what truly matters to me, or am I chasing someone else's idea of success?" A fulfilling life comes from within, not from external achievements. Redefine success as a state of inner peace and clarity, where your efforts reflect your highest priorities. When your thoughts are clear and intentional, your life naturally becomes richer in meaning and joy.

성공은 부나 지위가 아니라, 여러분의 생각의 질과 행동이 가치관과 얼마나 일치하는지에 달려 있습니다. 잠시 멈춰 스스로에게 물어보세요. "나는 진정으로 중요한 것에 집중하고 있는가, 아니면 다른 사람이 정한 성공을 좇고 있는가?" 충만한 삶은 외적 성취가 아니라 내면에서 시작됩니다. 성공을 내면의 평화와 명확성으로 다시 정의하세요. 그 안에서 당신의 노력은 가장 중요한 가치들을 반영하게 됩니다. 생각이 분명하고 의도가 명확할 때, 삶은 더욱 의미 있고 기쁨으로 채워집니다.

redefine 재정의하다　**depend upon** ~ ~에 의존하다　**wealth** 부　**status** 신분, 지위　**alignment** 정렬, 조화　**chase** 뒤쫓다　**fulfilling** 충만한　**external achievements** 외적 성취　**inner peace** 내면의 평화　**intentional** 의도적인

062 진정한 부란 무엇인가?
What Is True Wealth?

스토아 철학 엿보기

If you live according to nature, you will never be poor; if you live according to opinion, you will never be rich.

Seneca, *Letters to Lucilius*, 16

자연에 따라 살면 가난할 일이 없고, 남의 시선에 따라 살면 결코 부유해질 수 없다.

세네카, 루킬리우스에게 보낸 편지, 16

스토아식으로 생각하기

We often measure wealth by how much we own, but true wealth is about freedom from endless desires. Ask yourself: "Am I pursuing things I truly need, or just satisfying temporary wants?" By reducing unnecessary desires, you gain more than material possessions can offer—peace of mind, time, and contentment. Simplifying your wants doesn't mean giving up ambition, but focusing on what genuinely matters. Practice appreciating what you have instead of constantly seeking more, and you'll discover the essence of true wealth.

우리는 흔히 부를 소유의 크기로 판단하지만, 진정한 부는 끝없는 욕망에서 벗어나는 데 있습니다. 스스로에게 물어보세요. "나는 정말 필요한 것을 추구하는가, 아니면 순간적인 욕망을 채우려 하는가?" 불필요한 욕망을 줄이면 마음의 평온, 여유로운 시간, 그리고 만족감과 같이 물질적 풍요보다 더 큰 것을 얻을 수 있습니다. 욕망을 단순화하는 것은 야망을 버리는 것이 아니라, 진정 중요한 것에 집중하는 것입니다. 더 많은 것을 좇기보다 이미 가진 것에 감사하는 연습을 해 보세요. 그러면 진정한 부가 어디에 있는지 깨닫게 될 것입니다.

desire 욕망 **unnecessary** 불필요한 **contentment** 만족감 **simplify** 단순화하다 **ambition** 야망 **genuinely** 진정으로 **appreciate** 감사하다 **essence** 본질

063 욕망을 다스리는 법
Mastering Your Desires

스토아 철학 엿보기

Very little is needed to make a happy life; it is all within yourself, in your way of thinking.

Marcus Aurelius, *Meditations*, 7.67

행복한 삶에 필요한 것은 많지 않다. 모든 것은 당신 안에 있으며, 그것을 결정하는 것은 당신이 세상을 바라보는 방식이다.

마르쿠스 아우렐리우스, 명상록, 7.67

스토아식으로 생각하기

Happiness doesn't come from accumulating more but from simplifying your desires. Ask yourself: "Am I seeking happiness outside of myself when it's already within me?" When you shift your focus from external possessions to your inner state, you realize how little you truly need to feel content. Simplifying your desires doesn't mean giving up on ambition, but recognizing that lasting happiness starts from your mindset. Train yourself to seek fulfillment from within, and you'll discover a deeper sense of peace and freedom.

행복은 더 많은 것을 쌓는 데서 오는 것이 아니라, 욕망을 단순화할 때 찾아옵니다. 스스로에게 물어보세요. "나는 이미 내 안에 있는 행복을 외부에서 찾고 있는 것은 아닌가?" 외적인 소유가 아니라 내면에 집중하기 시작하면, 만족하기 위해 필요한 것이 얼마나 적은지 깨닫게 됩니다. 욕망을 줄인다는 것은 야망을 포기하는 것이 아니라, 지속적인 행복이 사고방식에서 시작됨을 아는 것입니다. 내면에서 충만함을 찾는 연습을 해 보세요. 그러면 더 깊은 평화와 자유를 얻게 될 것입니다.

accumulate 축적하다, 모으다 **simplify** 단순화하다 **inner state** 내면의 상태 **content** 만족하다 **mindset** 사고방식 **fulfillment** 충만함

소유보다 경험에 집중하라
Focus on Experiences, Not Possessions

스토아 철학 엿보기

The things you think about determine the quality of your mind. Your soul takes on the color of your thoughts.

Marcus Aurelius, Meditations, 5.16

당신이 무엇을 생각하느냐가 마음의 질을 결정한다. 당신의 영혼은 그 생각에 따라 색을 입는다.

마르쿠스 아우렐리우스, 명상록, 5.16

스토아식으로 생각하기

In the pursuit of happiness, we often focus on acquiring possessions, but the joy they bring is temporary. Ask yourself: "Am I investing in things that truly enrich my life, or just collecting items?" Experiences, unlike possessions, create lasting memories and shape who you are. By shifting your focus to moments and connections rather than material objects, you build a life rich in meaning and fulfillment. Invest in what lasts— a meaningful conversation, a shared adventure, or a quiet moment of reflection. These are the treasures that define a truly abundant life.

행복을 찾는 과정에서 우리는 종종 소유를 늘리는 데 집중하지만, 그 기쁨은 오래가지 않습니다. 스스로에게 물어보세요. "나는 진정 내 삶을 풍요롭게 하는 것에 투자하고 있는가, 아니면 단순히 물건을 수집하고 있는가?" 소유물과 달리 경험은 오래 지속되는 기억을 남기고, 우리의 삶을 형성합니다. 물질이 아닌 순간과 연결에 집중하면 삶은 더 의미 있고 충만해집니다. 의미 있는 대화, 함께한 경험, 조용한 성찰의 시간과 같이 지속되는 것에 투자하세요. 이것이 진정한 풍요로움을 만드는 보물입니다.

determine 결정하다 **pursuit** 추구 **temporary** 일시적인 **invest** 투자하다 **enrich** 풍요롭게 하다
lasting memories 지속되는 기억 **reflection** 성찰

065 비교의 덫에서 벗어나라
Escape the Trap of Comparison

스토아 철학 엿보기

Don't waste the rest of your life thinking about other people—unless it's for the common good. It will keep you from doing anything useful.

Marcus Aurelius, *Meditations*, 3.4

공동의 선을 위한 것이 아니라면, 다른 사람을 생각하며 남은 삶을 허비하지 마라. 그것에 마음을 빼앗기면 정작 의미 있는 일을 할 수 없게 된다.

마르쿠스 아우렐리우스, 명상록, 3.4

스토아식으로 생각하기

Comparing yourself to others often leads to frustration and self-doubt. Ask yourself: "Am I focused on my growth, or am I trying to measure up to someone else's standards?" Life isn't a race against others—it's about becoming the best version of yourself. By stepping out of the trap of comparison, you free yourself to focus on your own unique journey. Remember, success isn't limited. Someone else's achievements don't diminish your own. Use your energy to build your path, and you'll find satisfaction in progress, not in competition.

다른 사람과 자신을 비교하는 것은 좌절과 자기 의심으로 이어질 수 있습니다. 스스로에게 물어보세요. "나는 나만의 성장을 위해 집중하고 있는가, 아니면 다른 사람의 기준에 맞추려고 애쓰고 있는가?" 삶은 다른 사람과 경쟁하는 것이 아니라, 자신을 최고의 모습으로 만드는 과정입니다. 비교의 덫에서 벗어나면, 여러분은 여러분만의 여정에 집중할 자유를 얻습니다. 성공은 한정되지 않습니다. 다른 사람의 성취가 여러분의 성취를 약화시키지 않습니다. 에너지를 여러분만의 길을 닦는 데 사용하세요. 경쟁이 아닌 성장 속에서 만족을 발견할 수 있을 것입니다.

comparison 비교 **self-doubt** 자기 의심 **measure up to standards** 기준에 맞추다 **race against ~** ~와 경쟁하다 **unique journey** 고유한 여정 **diminish** 약화시키다 **satisfaction** 만족

066 부를 다스리는 마음가짐
The Mindset to Handle Wealth

스토아 철학 엿보기

Wealth is the slave of a wise man. The master of a fool.

Seneca, *Letters to Lucilius*

지혜로운 사람에게 부는 노예이고, 어리석은 자에게 부는 주인이다.

세네카, 루킬리우스에게 보낸 편지

스토아식으로 생각하기

Wealth is not inherently good or bad—it depends on how you use it and how much control you let it have over you. Ask yourself: "Do I own my wealth, or does my wealth own me?" A wise mindset ensures that wealth serves your values, not the other way around. By treating wealth as a tool rather than a measure of your worth, you gain the freedom to use it meaningfully. Remember, wealth amplifies your character. In the hands of a wise person, it creates opportunity and impact. In the hands of a fool, it breeds greed and dissatisfaction.

부는 본질적으로 선하거나 악하지 않습니다. 그것을 어떻게 사용하고, 얼마나 지배당하느냐에 따라 의미가 달라질 뿐입니다. 스스로에게 물어보세요. "내가 부를 다스리는가, 아니면 부가 나를 다스리는가?" 현명한 사고방식은 부를 자신의 가치관을 실현하는 수단으로 활용하며, 그 반대가 되지 않게 합니다. 부를 자신의 가치를 증명하는 기준이 아니라, 목적을 이루기 위한 도구로 여길 때 의미 있게 사용하는 자유를 얻을 수 있습니다. 부는 사람의 본성을 드러냅니다. 현자의 손에 있으면 기회와 영향력을 창출하고, 어리석은 자의 손에 있으면 탐욕과 불만을 키웁니다.

mindset 마음가짐 **handle** 다루다, 다스리다 **slave** 노예 **inherently** 본질적으로 **the other way around** 반대로 **amplify** 증폭시키다 **greed** 탐욕 **dissatisfaction** 불만

067 성장은 꾸준함에서 온다
Growth Comes From Consistency

스토아 철학 엿보기

No great thing is created suddenly. Just as a fig must first blossom, then bear fruit, and then ripen, so must all things take time.

Epictetus, Discourses, 1.15

위대한 것은 단번에 이루어지지 않는다. 무화과도 먼저 꽃이 피고, 열매를 맺고, 익어가듯 모든 것은 시간이 필요하다.

에픽테토스, 담화록, 1.15

스토아식으로 생각하기

Growth, like nature, requires patience and consistency. Ask yourself: "Am I rushing the process, or am I allowing time to do its work?" Just as a tree cannot bear fruit overnight, meaningful success takes time to cultivate. By focusing on consistent effort rather than instant results, you build a foundation for lasting growth. Embrace the slow progress—it's a sign of steady development, not failure. Trust in the process, and you'll find that persistence leads to success.

성장은 자연과 같이 인내와 꾸준함을 요구합니다. 스스로에게 물어보세요. "나는 과정을 서두르고 있는가, 아니면 시간이 제 역할을 하도록 놔두는가?" 나무가 하룻밤 사이에 열매를 맺을 수 없듯이, 의미 있는 성공도 서서히 다져져야 합니다. 즉각적인 결과보다 꾸준한 노력에 집중할 때, 지속적인 성장을 위한 탄탄한 기반이 마련됩니다. 느린 진전은 실패가 아니라 성장의 증거입니다. 과정을 신뢰하세요. 인내하는 만큼 결실도 따라올 것입니다.

consistency 꾸준함 **fig** 무화과 **ripen** 익다 **rush** 서두르다 **allow** 허락하다 **cultivate** 키우다, 경작하다 **instant** 즉각적인 **lasting growth** 지속 가능한 성장 **persistence** 지속됨

068 야망과 지속 가능성을 균형 있게 추구하라
Balance Ambition With Sustainability

스토아 철학 엿보기

If you seek tranquility, do less.

Marcus Aurelius, *Meditations*, 4.24

평온을 원한다면, 더 적게 하라.

마르쿠스 아우렐리우스, 명상록, 4.24

스토아식으로 생각하기

Pushing yourself too hard can lead to burnout, while doing less allows you to focus on what truly matters. Ask yourself: "Am I trying to do too much, or am I prioritizing what's important?" Doing less doesn't mean doing nothing—it means focusing your energy on fewer, more meaningful goals. When you simplify your efforts, you preserve your energy and stay clear-headed. Growth comes not from exhaustion, but from consistent effort balanced with rest and reflection. Learn to pause and let go of unnecessary tasks, and you'll find that steady progress always outshines reckless ambition.

스스로를 지나치게 몰아붙이면 탈진에 이를 수 있지만, 덜 하면 진정 중요한 것에 집중할 수 있습니다. 스스로에게 물어보세요. "나는 너무 많은 것을 하려 하는가, 아니면 중요한 것에 집중하고 있는가?" 덜 한다는 것은 아무것도 안 하는 것이 아니라, 더 적고 의미 있는 목표에 에너지를 쏟는 것입니다. 노력을 단순화하면 에너지를 보존하고, 더 명확한 사고를 유지할 수 있습니다. 성장은 탈진에서 오는 것이 아니라, 휴식과 성찰로 균형 잡힌 꾸준한 노력에서 나옵니다. 불필요한 일을 내려놓는 법을 배우면, 꾸준한 진전이 결국 무리한 야망보다 더 큰 성과를 만든다는 것을 알게 될 것입니다.

ambition 야망 **sustainability** 지속 가능성 **tranquility** 평온 **burnout** 탈진 **prioritize** 우선순위를 정하다 **simplify** 단순화하다 **clear-headed** 명확한 사고를 유지하는 **exhaustion** 탈진 **steady progress** 꾸준한 진전 **outshine** ~보다 밝게 빛나다 **reckless ambition** 무모한 야망

069 타인을 위한 부의 활용
Using Wealth for Others

스토아 철학 엿보기

When you have done good and others have benefited, why ask for more—recognition, reward, or gratitude—like a fool?

Marcus Aurelius, *Meditations*, 6.48

선한 일을 하고 다른 이가 혜택을 얻었다면, 어리석은 자처럼 더 많은 것(인정, 보상, 감사)을 바라지 마라.

마르쿠스 아우렐리우스, 명상록, 6.48

스토아식으로 생각하기

Wealth is most powerful when it is used to benefit others, not just ourselves. Ask yourself: "Am I using what I have to improve the lives of those around me?" Generosity is not about giving away everything, but about recognizing that wealth becomes meaningful when shared. When you invest in others—whether through time, knowledge, or resources—you create a ripple effect of positivity and impact. True abundance lies not in how much you keep, but in how much good you create with what you have.

부는 자신만을 위해 쓰일 때보다, 타인을 돕는 데 쓰일 때 더 큰 가치를 가집니다. 스스로에게 물어보세요. "내가 가진 것이 주변 사람들에게 긍정적인 영향을 주고 있는가?" 관대함이란 모든 것을 내어주는 것이 아니라, 부가 나누어질 때 비로소 의미를 갖는다는 깨달음입니다. 시간, 지식, 자원을 통해 다른 사람에게 투자할 때 긍정과 영향력의 파급 효과를 만듭니다. 진정 풍요는 소유의 크기에 있지 않습니다. 여러분이 가진 것으로 얼마나 가치 있는 변화를 만들어내느냐에 달려 있습니다.

benefit ~에 이익을 주다　**generosity** 관대함　**invest** 투자하다　**resources** 자원　**ripple effect** 파급 효과　**abundance** 풍요로움

070 삶의 균형 속에서 성장하라
Grow Within Balance

스토아 철학 엿보기

Be like the cliff against which the waves continually break; but it stands firm and tames the fury of the water around it.

Marcus Aurelius, *Meditations*, 4.49

파도가 끊임없이 부딪혀도 굳건히 서서 물결의 분노를 다스리는 절벽이 되어라.

마르쿠스 아우렐리우스, 명상록, 4.49

스토아식으로 생각하기

Growth isn't about constant motion—it's about finding balance. Ask yourself: "Am I sacrificing well-being for progress, or growing steadily with balance?" Like a cliff enduring waves, staying rooted in your values ensures lasting growth. True strength lies not in resisting waves, but in standing firm and letting them shape you wisely.

성장은 끊임없이 움직이는 것이 아니라, 균형을 찾는 데 있습니다. 스스로에게 물어보세요. "나는 내 안녕을 희생하며 앞만 보고 달리는가, 아니면 균형 속에서 꾸준하게 성장하는가?" 거센 파도를 견디는 절벽처럼, 가치에 뿌리를 두고 단단히 설 때 지속적인 성장이 가능합니다. 진정한 강함은 파도를 거스르는 것이 아니라, 받아들이며 지혜롭게 단련되는 데 있습니다.

cliff 절벽 **wave** 파도 **continually** 계속해서 **firm** 확고한 **tame** 다스리다 **fury** 분노 **steadily** 꾸준하게 **endure** 견디다

스토아식으로 실행하기 | 각 글귀의 핵심 질문들을 다시 보고 내가 생각하는 바를 적어 보세요.

1. **Am I focusing on what truly matters to me, or am I chasing someone else's idea of success?**
   나는 진정으로 중요한 것에 집중하고 있는가, 아니면 다른 사람이 정한 성공을 좇고 있는가?

   _____

   _____

2. **Am I pursuing things I truly need, or just satisfying temporary wants?**
   나는 정말 필요한 것을 추구하는가, 아니면 순간적인 욕망을 채우려 하는가?

   _____

   _____

3. **Am I seeking happiness outside of myself when it's already within me?**
   나는 이미 내 안에 있는 행복을 외부에서 찾고 있는 것은 아닌가?

   _____

   _____

4. **Am I investing in things that truly enrich my life, or just collecting items?**
   나는 진정 내 삶을 풍요롭게 하는 것에 투자하고 있는가, 아니면 단순히 물건을 수집하고 있는가?

   _____

   _____

5. **Am I focused on my growth, or am I trying to measure up to someone else's standards?**
   나는 나만의 성장을 위해 집중하고 있는가, 아니면 다른 사람의 기준에 맞추려고 애쓰고 있는가?

   _____

   _____

6. Do I own my wealth, or does my wealth own me?
   내가 부를 다스리는가, 아니면 부가 나를 다스리는가?

   _____

   _____

7. Am I rushing the process, or am I allowing time to do its work?
   나는 과정을 서두르고 있는가, 아니면 시간이 제 역할을 하도록 놔두는가?

   _____

   _____

8. Am I trying to do too much, or am I prioritizing what's important?
   나는 너무 많은 것을 하려 하는가, 아니면 중요한 것에 집중하고 있는가?

   _____

   _____

9. Am I using what I have to improve the lives of those around me?
   내가 가진 것이 주변 사람들에게 긍정적인 영향을 주고 있는가?

   _____

   _____

10. Am I sacrificing well-being for progress, or growing steadily with balance?
    나는 내 안녕을 희생하며 앞만 보고 달리는가, 아니면 균형 속에서 꾸준하게 성장하는가?

    _____

    _____

CHAPTER 8

· Mind-Body Harmony ·

Strengthening the Whole Self

· 몸과 마음의 균형 ·

진정한 나를 만드는 법

071 몸과 마음의 연결을 이해하라
Understand the Mind-Body Connection

스토아 철학 엿보기

Our actions may be impeded… but there can be no impeding our intentions or our dispositions.

Marcus Aurelius, *Meditations*, 5.20

행동은 방해 받을 수 있어도, 우리의 의지와 태도는 누구도 막을 수 없다.

마르쿠스 아우렐리우스, 명상록, 5.20

스토아식으로 생각하기

Your body may face challenges, but your mind and intentions remain your own. Ask yourself: "Am I letting external obstacles shake my focus?" A resilient mind can guide the body through difficulties, just as a strong body supports a focused mind. Instead of fighting against setbacks, use them to strengthen your will. When your body and mind work in harmony, you gain the power to overcome both physical and mental obstacles.

여러분의 몸은 어려움을 겪을 수 있지만, 마음과 의지는 온전히 여러분의 것입니다. 스스로에게 물어보세요. "외부의 장애물이 내 집중력을 흐트러뜨리게 하고 있는가?" 강한 정신은 몸이 어떤 어려움도 이겨내도록 돕고, 건강한 몸은 차분한 마음을 뒷받침해 줍니다. 좌절과 맞서 싸우기보다, 오히려 의지를 단련하는 기회로 삼아 보세요. 몸과 마음이 조화를 이루면, 신체적, 정신적 장애를 넘어설 힘을 얻게 될 것입니다.

connection 연결 **impede** 방해하다 **intention** 의도, 의지 **disposition** 기질 **face** 직면하다
remain 남다 **external obstacles** 외부 장애물 **resilient** 회복력 있는, 튼튼한 **setback** 좌절, 방해
strengthen 강화하다 **overcome** 넘어서다

072 몸을 돌보는 기술
The Art of Caring for Your Body

스토아 철학 엿보기

Take care of your body as if you were going to live forever; and take care of your soul as if you were going to die tomorrow.

Marcus Aurelius, Meditations, 6.30

몸은 영원히 살 것처럼 돌보고, 영혼은 내일 죽을 것처럼 가꾸어라.

마르쿠스 아우렐리우스, 명상록, 6.30

스토아식으로 생각하기

Your body is the vessel that carries your mind and soul through life. Ask yourself: "Am I treating my body with the care it deserves, or am I neglecting its needs?" Caring for your body is not about perfection. It's about ensuring it has the energy and strength to support your goals. Simple acts like eating nourishing food, getting enough rest, and moving regularly can have a profound impact on both your physical and mental well-being. When you respect and care for your body, it becomes a reliable foundation for all aspects of your life.

몸은 마음과 영혼을 담아 인생을 살아가게 하는 그릇입니다. 스스로에게 물어보세요. "나는 내 몸을 제대로 돌보고 있는가, 아니면 소홀히 하고 있는가?" 몸을 관리한다는 것이 완벽함을 추구하는 것은 아닙니다. 대신, 목표를 이루는 데 필요한 힘과 에너지를 갖추는 것입니다. 건강한 식사, 충분한 휴식, 규칙적인 움직임 같은 작은 실천이 신체와 정신의 균형을 이루는 데 큰 영향을 미칩니다. 몸을 존중하고 돌볼 때, 그것은 삶의 모든 영역에서 든든한 기반이 되어 줍니다.

vessel 그릇, 수단 **neglect** 방치하다 **nourishing food** 영양가 있는 음식 **mental well-being** 정신적 안녕 **foundation** 토대, 기반

073 내면의 고요를 찾는 연습
Practicing Inner Calm

스토아 철학 엿보기

Nowhere you can go is more peaceful—more free of interruptions—than your own soul.

Marcus Aurelius, *Meditations*, 4.3

어디를 가더라도, 당신의 영혼만큼 평온하고 방해 받지 않는 곳은 없다.

마르쿠스 아우렐리우스, 명상록, 4.3

스토아식으로 생각하기

Inner calm is not found in external places or things, but within yourself. Ask yourself: "Am I seeking peace in the wrong places, or am I looking inward where true calm resides?" Take a moment to slow down and listen to your inner thoughts. Meditation, deep breathing, or even a quiet walk can help you reconnect with yourself. The world around you may be chaotic, but the stillness within you is always accessible. Practice finding this space regularly, and you'll discover a wellspring of strength and clarity that no external disturbance can shake.

내면의 고요는 외부에서 찾는 것이 아니라, 여러분 자신 안에 존재합니다. 스스로에게 물어보세요. "나는 진정한 고요를 내면에서 찾고 있는가, 아니면 엉뚱한 곳에서 헤매고 있는가?" 잠시 멈춰 자신의 생각을 들여다보세요. 명상, 깊은 호흡, 조용한 산책은 내면과 다시 연결되는 데 도움을 줍니다. 세상이 혼란스럽더라도 여러분 안의 고요함은 언제든 찾아갈 수 있습니다. 이 공간을 자주 찾아가는 연습을 하면, 외부의 방해에도 흔들리지 않는 힘과 명료함을 얻게 될 것입니다.

inner calm 내면의 고요 **reside** 살다, 거주하다 **meditation** 명상 **reconnect** 다시 연결되다
chaotic 혼돈 상태인 **stillness** 고요함 **accessible** 접근 가능한 **regularly** 정기적으로
wellspring 원천 **disturbance** 방해

074 활력을 위한 몸의 움직임
Movement for Vitality

스토아 철학 엿보기

The body ought to be trained, not pampered—it must endure, and stand ready for whatever it is meant for.

Seneca, *Letters to Lucilius*, 15

몸을 지나치게 편안하게 해서는 안 된다. 단련해야 하며, 제 역할을 다할 수 있도록 견디고 준비되어 있어야 한다.

세네카, 루킬리우스에게 보낸 편지, 15

스토아식으로 생각하기

Physical movement is not just about fitness—it's about preparing your body to support your mind and soul. Ask yourself: "Am I treating my body as an essential tool for life, or am I neglecting its needs?" Regular movement, whether through exercise, walking, or stretching, energizes your mind and builds resilience. It's not about pushing your limits recklessly, but about keeping your body ready for the challenges life brings. By embracing physical activity, you cultivate a sense of vitality that connects your body and mind in harmony.

신체 활동은 단순한 건강 관리가 아니라, 몸이 마음과 영혼을 지탱하도록 준비하는 과정입니다. 스스로에게 물어보세요. "나는 내 몸을 삶의 필수적인 도구로 대하고 있는가, 아니면 소홀히 하고 있는가?" 운동, 걷기, 스트레칭과 같은 규칙적인 움직임은 정신에 활력을 주고 회복력을 키워 줍니다. 중요한 것은 무리하게 몸을 혹사하는 것이 아니라, 몸이 삶의 도전에 대비할 수 있도록 준비하는 것입니다. 신체 활동을 받아들이면 활력을 기를 수 있고, 몸과 마음이 조화를 이루게 됩니다.

vitality 활력 **pamper** 지나치게 소중히 하다 **fitness** 운동 **essential tool** 필수 도구 **neglect** 방치하다 **resilience** 회복력 **recklessly** 무모하게 **cultivate** 구축하다

075 몸과 마음을 위한 영양
Nourishment for Body and Mind

스토아 철학 엿보기

It is not what you eat, but how you digest it that makes you strong.

Seneca, *Letters to Lucilius*, 84

당신을 강하게 만드는 것은 무엇을 먹느냐가 아니라, 그것을 어떻게 소화하느냐이다.

세네카, *루킬리우스에게 보낸 편지*, 84

스토아식으로 생각하기

The food you eat doesn't just fuel your body; it influences your mind as well. Ask yourself: "Am I eating in a way that supports my energy, focus, and well-being?" Choose foods that nourish your body and avoid overindulgence, which can weigh you down both physically and mentally. Remember, nourishment isn't only about food—it's about what you consume in every sense, including thoughts, habits, and information. By being mindful of what you take in, you strengthen both your body and mind, creating harmony and vitality in your daily life.

여러분이 먹는 음식은 몸뿐만 아니라 마음에도 영향을 미칩니다. 스스로에게 물어보세요. "나는 내 에너지와 집중력, 그리고 건강에 도움이 되는 방식으로 먹고 있는가?" 몸을 건강하게 유지할 수 있도록 영양을 공급하되, 과식은 피하세요. 과도한 음식은 신체뿐만 아니라 정신까지 무겁게 만들 수 있습니다. 하지만 영양은 단순히 음식에만 국한되지 않습니다. 우리가 받아들이는 생각, 습관, 정보까지도 포함됩니다. 어떤 것을 받아들일지 신중하게 선택하면, 몸과 마음을 강화하며 일상생활에서 균형과 활력이 생깁니다.

nourishment 영양 **digest** 소화하다 **fuel** (연료를) 공급하다 **nourish** 영양분을 공급하다
overindulgence 과도한 탐닉 **consume** 소비하다 **be mindful of** ~ ~에 신중하다 **take in** 받아들이다 **vitality** 활력

076 스트레스와 피로를 다스리는 법
Managing Stress and Fatigue

스토아 철학 엿보기

If you are distressed by anything external, the pain is not due to the thing itself but to your estimate of it; and this you have the power to revoke at any moment.

Marcus Aurelius, *Meditations*, 7.2

외부의 일로 괴롭다면, 그 고통은 그것 자체에서 오는 것이 아니라 당신이 내린 평가 때문이다. 그리고 그 평가는 언제든지 바꿀 수 있다.

마르쿠스 아우렐리우스, 명상록, 7.2

스토아식으로 생각하기

Stress and fatigue often stem not from external pressures, but from how we interpret and respond to them. Ask yourself: "Am I allowing minor inconveniences to become major sources of stress?" Learn to pause and reframe your perspective. Practice deep breathing or take short breaks to restore your energy. Accept that some things are beyond your control and focus on what you can influence. By managing your thoughts, you'll find that even demanding situations become less overwhelming. Mastering stress isn't about avoiding challenges—it's about approaching them with calm and clarity.

스트레스와 피로는 외부 압력 때문이 아니라, 때로는 그것을 어떻게 받아들이고 반응하느냐에 더 큰 영향을 받습니다. 스스로에게 물어보세요. "사소한 불편함을 스스로 키워서 큰 스트레스로 만들고 있지는 않은가?" 잠시 멈춰 상황을 새롭게 바라보는 연습을 해 보세요. 깊이 호흡하거나 짧게 휴식하며 에너지를 회복하는 훈련을 해 보세요. 통제할 수 없는 것은 받아들이고, 변화시킬 수 있는 것에 집중해 보세요. 생각을 다스리면, 힘든 상황도 덜 부담스럽게 느껴집니다. 스트레스를 다스리는 것은 도전을 피하는 것이 아니라, 차분하고 명확한 시각으로 마주하는 것입니다.

fatigue 피로　**distress** 괴롭히다　**estimate** 평가　**revoke** 철회하다　**stem from** ~ ~에서 기인하다　**interpret** 이해하다　**reframe** 다시 구성하다　**influence** 영향을 미치다　**manage one's thoughts** 생각을 다스리다　**demanding** 힘든　**overwhelming** 감당하기 어려운　**clarity** 명확함

077 자연과 함께 호흡하기
Breathing With Nature

스토아 철학 엿보기

The whole universe is change, and life itself is but what you deem it.

Marcus Aurelius, *Meditations*, 4.3

우주는 변화 그 자체이며, 삶은 단지 그것을 어떻게 바라보느냐에 달려 있다.

마르쿠스 아우렐리우스, 명상록, 4.3

스토아식으로 생각하기

Nature is a powerful teacher, constantly showing us the value of balance, patience, and adaptability. Ask yourself: "Am I taking time to connect with nature and let it restore me?" Spending time in natural surroundings—even a short walk outdoors or a moment to breathe fresh air—can ground your thoughts and calm your emotions. Nature's rhythm reminds us to slow down and embrace change as a natural part of life. By connecting with nature, you tap into its harmony and draw strength from its quiet wisdom. Let nature guide you to breathe deeply, think clearly, and live fully.

자연은 균형과 인내, 그리고 적응의 가치를 끊임없이 가르쳐 줍니다. 스스로에게 물어보세요. "나는 자연과 연결되며, 그것이 내가 회복하는 것을 돕도록 시간을 할애하고 있는가?" 야외에서 잠깐의 산책이나 신선한 공기를 마시는 짧은 순간조차 생각을 정리하고 감정을 안정시키는 데 도움이 됩니다. 자연의 리듬은 삶의 속도를 늦추고, 변화가 삶의 자연스러운 일부임을 깨닫게 해 줍니다. 자연과 함께할 때 조화 속에서 힘을 얻고, 그 고요한 지혜를 통해 삶의 방향을 찾을 수 있습니다. 자연이 여러분을 깊이 숨 쉬게 하고, 명료하게 생각하며, 온전히 살아가게 하도록 두세요.

deem ~으로 여기다   **adaptability** 적응력   **restore** 회복시키다   **natural surroundings** 자연 환경
ground ~의 기초를 두다   **slow down** 속도를 늦추다   **embrace** 받아들이다   **tap into** 활용하다, 연결하다

078 작은 습관이 큰 변화를 만든다
Small Habits, Big Changes

스토아 철학 엿보기

Progress is not achieved by luck or accident, but by working on yourself daily.

Epictetus, *Enchiridion*, 51

발전은 운이나 우연으로 이루어지지 않고, 매일 자신을 갈고닦음으로써 이루어진다.

에픽테토스, *엥키리디온*, 51

스토아식으로 생각하기

Big changes don't happen overnight—they are the result of small, consistent habits. Ask yourself: "What small habit can I start today to improve my well-being?" It could be as simple as drinking a glass of water in the morning, stretching for five minutes, or taking a few deep breaths during the day. These small acts build momentum and create a foundation for lasting transformation. By focusing on small, achievable actions, you empower yourself to grow steadily and with purpose. Remember, even the smallest steps add up to significant progress over time.

큰 변화는 단번에 이루어지지 않습니다. 그것은 작지만 꾸준한 습관의 결과입니다. 스스로에게 물어보세요. "오늘 내 건강과 행복을 위해 시작할 수 있는 작은 습관은 무엇인가?" 아침에 물 한 잔을 마시는 것, 5분간 몸을 풀어 주는 것, 하루 중 짧은 순간 깊게 숨을 들이쉬는 것처럼 단순한 일일 수 있습니다. 이런 작은 행동들이 변화를 위한 동력이 될 수 있습니다. 이러한 사소한 실천이 쌓이면, 지속 가능한 변화를 위한 토대가 만들어집니다. 작고 실천 가능한 행동에 집중하면, 목적이 있는 꾸준한 성장을 지속할 수 있습니다. 아주 작은 걸음도 시간이 지나면 의미 있는 변화를 만들어 낸다는 사실을 기억하세요.

overnight 갑자기 **consistent** 꾸준한 **well-being** 건강과 행복 **momentum** 동력 **lasting** 지속적인 **empower** 권한을 주다 **steadily** 꾸준히 **add up to** ~ 쌓여서 ~로 이어지다

079 삶의 리듬과 조화를 이루어라
Align With Life's Rhythm

스토아 철학 엿보기

See how all things are born of change. Nature finds its joy in renewing what exists and shaping it into something new.

Marcus Aurelius, *Meditations*, 4.36

모든 것은 변화 속에서 태어난다. 자연은 기존의 것을 새롭게 하고, 그것을 다른 모습으로 만드는 데 기쁨을 느낀다.

마르쿠스 아우렐리우스, 명상록, 4.36

스토아식으로 생각하기

Life has its own rhythm—a natural flow of change, growth, and renewal. Ask yourself: "Am I resisting life's natural rhythm, or am I adapting to it?" Trying to control every aspect of life only leads to frustration. Instead, learn to align with its pace. Accept change as a constant and embrace the opportunities it brings for growth. Take time to pause and reflect, allowing yourself to move with purpose and balance. By syncing with life's rhythm, you'll find greater peace and clarity in the way you live each day.

삶에는 저마다의 리듬이 있습니다. 변화하고 성장하며 새롭게 순환하는 자연스러운 흐름입니다. 스스로에게 물어보세요. "나는 삶의 흐름을 거스르고 있는가, 아니면 자연스럽게 적응하고 있는가?" 삶의 모든 것을 통제하려 하면 좌절만 커질 뿐입니다. 대신, 삶의 속도에 맞춰 보세요. 변화를 하나의 불변하는 요소로 받아들이고, 그 안에서 성장의 기회를 찾으세요. 때때로 멈춰 성찰하고, 목적과 균형을 갖춘 움직임을 연습하세요. 삶의 리듬과 조화를 이루면, 매일의 순간에서 더 깊은 평온과 명확함을 발견할 수 있을 것입니다.

align with ~ ~에 맞추다　**renew** 새로 교체하다　**natural flow** 자연스러운 흐름　**renewal** 새로운 시작　**frustration** 좌절감　**constant** 불변의 것　**embrace** 받아들이다　**sync with** ~ ~에 조화를 이루다

080 완전한 나로 거듭나기
Becoming Your Complete Self

스토아 철학 엿보기

Waste no more time arguing about what a good man should be. Be one.

Marcus Aurelius, *Meditations*, 10.16

좋은 사람이 어떤 사람인지 논하느라 시간을 낭비하지 마라. 그저 그렇게 살아라.

마르쿠스 아우렐리우스, 명상록, 10.16

스토아식으로 생각하기

Becoming your best self means aligning your body and mind with purpose. Ask yourself: "Am I spending too much time thinking about who I should be instead of taking action?" Growth comes not from overthinking, but from consistent practice. Strengthen your body to support a clear mind, and cultivate a calm mind to guide your actions. Small choices—mindful movement, healthy eating, and moments of stillness—create balance. When your body and mind work as one, your ideal self is no longer just an idea, but a reality.

완전한 자신이 된다는 것은 몸과 마음을 조화롭게 정렬하여 목적 있는 삶을 사는 것입니다. 스스로에게 물어보세요. "나는 행동하는 대신 어떤 사람이 되어야 할지를 고민하는 데만 시간을 쓰고 있지는 않은가?" 성장은 지나친 고민이 아니라, 꾸준한 실천에서 이루어집니다. 몸을 단련하면 맑은 정신을 유지할 수 있고, 차분한 마음은 올바른 행동을 이끌어줍니다. 의식적인 움직임, 건강한 식사, 고요한 순간을 실천하는 작은 선택들이 조화를 만들어냅니다. 몸과 마음이 하나로 연결될 때, 이상적인 모습은 더 이상 머릿속 상상이 아니라 현실이 됩니다.

complete 완전한 **align** 정렬하다 **overthinking** 지나친 생각, 과잉 사고 **consistent practice** 꾸준한 실천 **cultivate** 기르다 **mindful** 의식적인

스토아식으로 실행하기 | 각 글귀의 핵심 질문들을 다시 보고 내가 생각하는 바를 적어 보세요.

1. **Am I letting external obstacles shake my focus?**
   외부의 장애물이 내 집중력을 흐트러뜨리게 하고 있는가?

   _____

   _____

2. **Am I treating my body with the care it deserves, or am I neglecting its needs?**
   나는 내 몸을 제대로 돌보고 있는가, 아니면 소홀히 하고 있는가?

   _____

   _____

3. **Am I seeking peace in the wrong places, or am I looking inward where true calm resides?**
   나는 진정한 고요를 내면에서 찾고 있는가, 아니면 엉뚱한 곳에서 헤매고 있는가?

   _____

   _____

4. **Am I treating my body as an essential tool for life, or am I neglecting its needs?**
   나는 내 몸을 삶의 필수적인 도구로 대하고 있는가, 아니면 소홀히 하고 있는가?

   _____

   _____

5. **Am I eating in a way that supports my energy, focus, and well-being?**
   나는 내 에너지와 집중력, 그리고 건강에 도움이 되는 방식으로 먹고 있는가?

   _____

   _____

6. **Am I allowing minor inconveniences to become major sources of stress?**
   사소한 불편함을 스스로 키워서 큰 스트레스로 만들고 있지는 않은가?

   _____
   _____

7. **Am I taking time to connect with nature and let it restore me?**
   나는 자연과 연결되며, 그것이 내가 회복하는 것을 돕도록 시간을 할애하고 있는가?

   _____
   _____

8. **What small habit can I start today to improve my well-being?**
   오늘 내 건강과 행복을 위해 시작할 수 있는 작은 습관은 무엇인가?

   _____
   _____

9. **Am I resisting life's natural rhythm, or am I adapting to it?**
   나는 삶의 흐름을 거스르고 있는가, 아니면 자연스럽게 적응하고 있는가?

   _____
   _____

10. **Am I spending too much time thinking about who I should be instead of taking action?**
    나는 행동하는 대신 어떤 사람이 되어야 할지를 고민하는 데만 시간을 쓰고 있지는 않은가?

    _____
    _____

CHAPTER 9

· The Art of Wise Decisions ·
Cultivating Wisdom

· 결정의 품격 ·
지혜를 선택하는 법

081 무엇이 중요한지를 재정의하라
Define Your Priorities

스토아 철학 엿보기

Begin at once to live, and count each separate day as a separate life.

Seneca, *Letters to Lucilius*, 101

지금 당장 살아라. 그리고 하루하루를 하나의 완전한 삶으로 받아들여라.

세네카, 루킬리우스에게 보낸 편지, 101

스토아식으로 생각하기

Every day offers a new opportunity to align your life with your priorities. Ask yourself: "Am I treating today as a chance to live fully, or am I postponing the life I truly want?" By viewing each day as a fresh start, you can focus on what truly matters without being overwhelmed by the weight of the past or the uncertainty of the future. Take small, meaningful actions today that reflect your core values. Living fully means not waiting for the perfect moment, but making the present count.

매일이 삶의 우선순위를 바로 잡을 기회입니다. 스스로에게 물어보세요. "나는 오늘을 온전히 살아가고 있는가, 아니면 원하는 삶을 미루고 있는가?" 하루를 새로운 시작으로 바라보면, 과거에 얽매이거나 불확실한 미래를 두려워하지 않고 중요한 것에 집중할 수 있습니다. 오늘, 여러분의 핵심 가치를 반영하는 작고 의미 있는 행동을 실천해 보세요. 온전히 사는 삶이란 완벽한 순간을 기다리는 것이 아니라, 지금 이 순간을 의미 있게 만드는 것입니다.

count 간주하다, 중요하다 **postpone** 미루다 **fresh start** 새로운 시작 **uncertainty** 불확실성
core values 핵심 가치

082 감정에서 벗어나 이성을 따르라
Follow Reason, Not Impulse

스토아 철학 엿보기

Don't let the force of an impression when it first hits you knock you off your feet. Say to it: Hold on a moment; let me see who you are and what you represent.

Epictetus, *Discourses*, 2.18

어떤 인상이 처음 강하게 덮칠 때 그로 인해 중심을 잃지 마라. 이렇게 말하라. 잠깐 기다려라. 네가 무엇이며, 무엇을 뜻하는지 먼저 살펴보겠다.

에픽테토스, *담화록*, 2.18

스토아식으로 생각하기

Emotions can cloud judgment and lead to impulsive decisions. Ask yourself: "Am I reacting based on emotion, or am I taking time to assess the situation?" When faced with strong emotions—whether anger, excitement, or fear—pause before acting. Take a deep breath, examine your thoughts, and question their validity. Practicing restraint in the moment gives you control over your decisions, rather than letting emotions control you. A wise decision is not rushed—it is made with patience and clarity.

감정은 판단을 흐리고 충동적인 결정을 이끌 수 있습니다. 스스로에게 물어보세요. "나는 감정에 휘둘리고 있는가, 아니면 차분히 상황을 바라보고 있는가?" 분노, 흥분, 두려움과 같은 강한 감정이 밀려올 때 즉각 반응하기보다 잠시 멈춰 보세요. 깊이 숨을 들이마시고, 떠오르는 생각을 점검하며 그것이 타당한지 따져 보세요. 순간의 절제가 감정이 아닌 여러분이 결정을 주도하게 만듭니다. 현명한 선택은 서두르지 않을 때 나옵니다. 인내와 명확함 속에서 신중하게 결정하세요.

impulse 충동　**knock ~ off one's feet** ~를 쓰러뜨리다　**cloud** 흐리게 하다　**impulsive** 충동적인
take a deep breath 깊이 숨을 들이마시다　**examine one's thoughts** 자신의 생각을 살펴보다
validity 타당성　**restraint** 절제

083　선택에 대한 두려움을 극복하라
Overcome the Fear of Choosing

스토아 철학 엿보기

If you are pained by any external thing, it is not this thing that disturbs you, but your judgment about it. And it is in your power to wipe out this judgment now.

Marcus Aurelius, Meditations, 5.26

외부의 일로 괴롭다면, 당신을 힘들게 하는 것은 그 일이 아니라 그것을 바라보는 당신의 판단이다. 그리고 그 판단은 지금 이 순간 당신의 힘으로 지울 수 있다.

마르쿠스 아우렐리우스, 명상록, 5.26

스토아식으로 생각하기

The fear of making the wrong choice often keeps us stuck. Ask yourself: "Am I hesitating because I truly need more information, or am I just afraid of making a mistake?" No decision is perfect, and delaying choices out of fear only creates more uncertainty. Instead of fixating on possible failures, focus on what you can learn from each decision. Trust yourself to handle the outcomes, whether good or bad. Every choice is an opportunity to grow, and the only true mistake is refusing to decide at all.

잘못된 결정에 대한 두려움은 우리를 제자리걸음하게 만듭니다. 스스로에게 물어보세요. "내가 진정 망설이는 이유는 더 많은 정보가 필요해서인가, 아니면 실수를 두려워해서인가?" 완벽한 결정은 없으며, 두려움 때문에 선택을 미루는 것은 오히려 불확실성을 키울 뿐입니다. 실패를 걱정하기보다, 각 결정을 통해 배울 수 있는 것에 집중하세요. 결과가 어떻든 충분히 감당할 수 있다고 스스로를 믿으세요. 모든 선택은 성장의 기회이며, 유일한 실수는 아무것도 결정하지 않는 것입니다.

overcome 극복하다 **wipe out** 지우다 **delaying choices** 결정을 미루다 **fixate** 주의를 집중하다
outcome 결과

084 단순함 속에서 명확함 찾기
Finding Clarity in Simplicity

스토아 철학 엿보기

When you strip away what is unnecessary, what remains is clear and essential. Let your actions be guided by simplicity, and your mind will find calm.

Marcus Aurelius, *Meditations*, 8.51

불필요한 것을 걷어내면, 본질이 명확해진다. 단순함을 기준으로 행동하면 마음도 평온해진다.

마르쿠스 아우렐리우스, 명상록, 8.51

스토아식으로 생각하기

Complexity often creates confusion, while simplicity leads to clarity. Ask yourself: "Am I overcomplicating my decisions instead of focusing on what truly matters?" When you are unsure, remove distractions and return to the essentials. The clearer your goal, the easier it is to navigate your choices. A well-defined direction turns uncertainty into confidence. By simplifying your priorities, you make space for better decisions and a calmer mind.

복잡함은 혼란을 만들고, 단순함은 명확함을 가져옵니다. 스스로에게 물어보세요. "나는 정말 중요한 것에 집중하기보다, 내 선택을 지나치게 복잡하게 만들고 있지는 않은가?" 결정을 내리기 어려울 때는 불필요한 것들을 걷어내고 본질로 돌아가세요. 목표가 분명할수록 선택의 방향도 선명해집니다. 명확한 기준은 불확실함을 자신감으로 바꿉니다. 우선순위를 단순화하면 더 나은 결정을 내릴 수 있는 공간이 생기고, 마음도 한결 가벼워집니다.

complexity 복잡함　**confusion** 혼란　**clarity** 명확함　**overcomplicate** 지나치게 복잡하게 만들다
remove distractions 방해 요소를 제거하다　**essential** 본질　**navigate** 방향을 찾다, 헤쳐 나가다
simplify priorities 우선순위를 단순화하다

085 결과를 받아들이고 배움을 얻기
Accepting Results and Learn

스토아 철학 엿보기

Make the best use of what is in your power, and take the rest as it happens.

Epictetus, *Enchiridion*, 8

통제할 수 있는 것은 최선을 다해 활용하고, 나머지는 그대로 받아들여라.

에픽테토스, 엥케이리디온, 8

스토아식으로 생각하기

Not every decision will lead to a perfect outcome, and that's okay. Ask yourself: "Am I learning from my choices, or am I dwelling on things I cannot change?" Worrying about past decisions won't alter the results, but reflecting on them can make you wiser. Focus on what you can control—your response, your attitude, and your next step. By embracing both success and failure as learning opportunities, you transform every experience into a stepping stone for growth.

모든 결정이 완벽한 결과로 이어지는 것은 아닙니다. 그리고 그럴 필요도 없습니다. 스스로에게 물어보세요. "나는 내 선택에서 배우고 있는가, 아니면 바꿀 수 없는 일에 집착하고 있는가?" 과거의 결정을 걱정한다고 해서 결과가 달라지지는 않습니다. 하지만 그것을 돌아보고 배우면 더 현명해질 수 있습니다. 여러분이 통제할 수 있는 것, 즉 여러분의 반응, 태도, 그리고 다음 걸음에 집중하세요. 성공과 실패를 모두 배움의 기회로 받아들일 때, 모든 경험이 성장의 발판이 됩니다.

make the best use of 최선으로 활용하다 **outcome** 결과 **dwell on** ~ ~에 집착하다 **alter** 바꾸다 **attitude** 태도 **embrace** 받아들이다 **stepping stone** 발판, 디딤돌

중요한 것에 집중하기
Focusing on What Matters

스토아 철학 엿보기

Most of what we say and do is not essential. If you can eliminate it, you'll have more time and more tranquility. Ask yourself at every moment: Is this necessary?

Marcus Aurelius, Meditations, 4.25

우리가 말하고 행동하는 것의 대부분은 본질적이지 않다. 그것을 없애면 더 많은 시간과 평온을 가질 수 있다. 매 순간 스스로에게 물어라. '이것이 꼭 필요한가?'

마르쿠스 아우렐리우스, 명상록, 4.25

스토아식으로 생각하기

We often waste energy on things that don't truly matter. Ask yourself: "Am I focusing on what is important, or am I getting lost in distractions?" Clarity comes when you eliminate the unnecessary. Identify what brings real value to your life, and let go of everything that doesn't. Your time, energy, and attention are limited—spend them wisely on things that align with your purpose. By cutting out what is trivial, you create space for what truly matters.

우리는 종종 중요하지 않은 것에 에너지를 낭비합니다. 스스로에게 물어보세요. "나는 중요한 것에 집중하고 있는가, 아니면 불필요한 것에 휩쓸리고 있는가?" 불필요한 것을 제거할 때 명확함이 생깁니다. 여러분의 삶에 진정한 가치를 주는 것이 무엇인지 찾아보고, 그렇지 않은 것은 과감히 내려놓으세요. 시간과 에너지, 집중력은 한정되어 있습니다. 그것을 여러분의 목적과 맞는 일에 현명하게 사용하세요. 사소한 것을 걷어낼수록, 정말 중요한 것들이 자리할 공간이 생깁니다.

essential 본질적인 **eliminate** 제거하다 **tranquility** 평온 **distraction** 불필요한 것 **attention** 주의, 집중 **align with one's purpose** 목적과 조화를 이루다 **trivial** 사소한, 중요하지 않은

087 과거의 실수를 자산으로 바꾸기
Turning Past Mistakes Into Assets

스토아 철학 엿보기

No man is free who is not master of himself.

Epictetus, *Discourses*, 4.1

스스로를 다스리지 못하는 자는 결코 자유로울 수 없다.

에픽테토스, 담화록, 4.1

스토아식으로 생각하기

Past mistakes don't define you, but your response to them does. Ask yourself: "Am I using my past failures to grow, or am I letting them hold me back?" Every mistake contains a lesson—if you choose to learn from it. Instead of dwelling on regrets, extract wisdom from your experiences and apply it to future decisions. True freedom comes from mastering your reactions, not being trapped by past failures. By seeing mistakes as stepping stones rather than roadblocks, you turn them into valuable assets for growth.

과거의 실수는 여러분을 결정짓지 않습니다. 중요한 것은 그것에 대한 여러분의 태도입니다. 스스로에게 물어보세요. "나는 실패를 통해 배우고 있는가, 아니면 그 무게에 짓눌려 멈춰 있는가?" 실수로부터 배우려는 의지가 있다면 모든 실수는 배움의 기회가 될 수 있습니다. 후회 속에 머무르기보다, 경험에서 지혜를 얻어 더 나은 선택을 하세요. 진정한 자유는 과거의 실패에 묶이는 것이 아니라, 스스로의 반응을 통제하는 데서 옵니다. 실수를 장애물이 아닌 디딤돌로 바라볼 때, 그것은 성장의 가장 강력한 자산이 됩니다.

define 정의하다, 규정하다 **hold back** (앞으로 나아가지 못하도록) 막다, 방해하다 **contain a lesson** 교훈을 담고 있다 **extract wisdom** 지혜를 끌어내다 **trapped** 갇힌, 빠져 나오지 못하는 **roadblock** 장애물

088 결정을 통해 스스로를 알아가기
Discovering Yourself Through Decisions

스토아 철학 엿보기

Man is not worried by real problems so much as by his imagined anxieties about real problems.

Epictetus, Discourses, 2.16

인간을 괴롭히는 것은 실제 문제가 아니라, 그 문제에 대해 스스로 상상해서 만든 두려움이다.

에픽테토스, 담화록, 2.16

스토아식으로 생각하기

Every decision you make reveals something about who you are. Ask yourself: "Am I making choices based on fear, or am I acting in alignment with my values?" Many of our worries are not about reality, but about imagined consequences. Instead of letting fear dictate your choices, use decisions as a tool for self-discovery. Each choice teaches you something—your priorities, your strengths, and what truly matters to you. The more decisions you make, the more you'll understand yourself.

여러분이 내리는 모든 결정은 스스로에 대한 단서를 제공합니다. 스스로에게 물어보세요. "나는 두려움에 따라 선택하고 있는가, 아니면 내 가치에 맞게 행동하고 있는가?" 우리가 걱정하는 것들 대부분은 실제 상황이 아니라, 상상 속 결과에 대한 것입니다. 두려움이 선택을 좌우하도록 두지 말고, 결정을 자기 탐구의 도구로 활용하세요. 각 선택은 여러분에게 우선순위, 강점, 그리고 진정으로 중요한 것이 무엇인지 가르쳐 줍니다. 결정을 내릴수록, 스스로를 더 잘 이해하게 됩니다.

value 가치관 **reality** 현실 **consequence** 결과 **dictate choices** 선택을 좌우하다 **self-discovery** 자기 탐구 **priority** 우선순위

089 지혜로운 선택의 습관 만들기
Building the Habit of Making Wise Choices

스토아 철학 엿보기

First say to yourself what you would be; then do what you have to do.

Epictetus, *Enchiridion*, 29

먼저 어떤 사람이 될 것인지 정하라. 그리고 그에 맞는 일을 하라.

에픽테토스, 《엥키리디온》, 29

스토아식으로 생각하기

Wise decisions are not made by chance—they come from consistent habits of thinking and acting. Ask yourself: "Am I making decisions with intention, or am I simply reacting to circumstances?" Good choices are built through small, deliberate actions repeated over time. Start by practicing mindfulness in daily decisions, from how you spend your time to how you respond to challenges. The more intentional you are in small moments, the easier it becomes to make wise choices when it truly matters.

현명한 선택은 우연이 아니라, 꾸준한 사고와 행동 습관에서 나옵니다. 스스로에게 물어보세요. "나는 의도적으로 결정하고 있는가, 아니면 단순히 상황에 반응하고 있는가?" 좋은 선택은 작은 의식적인 행동들이 쌓여 만들어집니다. 시간을 어떻게 보내는지부터 어려움에 어떻게 반응하는지까지 일상적인 결정에서 마음챙김을 실천하는 것부터 시작하세요. 작은 순간에 신중함을 기를수록, 중요한 순간에 더 지혜로운 결정을 내릴 수 있습니다.

by chance 우연히 **consistent** 꾸준한 **react to circumstances** 상황에 반응하다 **deliberate** 신중한, 의도적인 **practice mindfulness** 마음 챙김을 실천하다 **intentional** 의도적인, 계획적인 **wise choices** 지혜로운 선택

090 현명한 선택으로 삶을 완성하라
Complete Your Life With Wise Decisions

스토아 철학 엿보기

Let each thing you would do, say, or intend be like that of a dying person.

Marcus Aurelius, *Meditations*, 2.11

무엇을 하든, 말하든, 생각하든, 마치 죽음을 앞둔 사람처럼 하라.

마르쿠스 아우렐리우스, 명상록, 2.11

스토아식으로 생각하기

Every decision shapes the life you live. Ask yourself: "If this were my last day, would I be content with this choice?" When you make decisions with the awareness of life's impermanence, you focus on what truly matters. Instead of delaying or hesitating, act with clarity and purpose. Life is not just about making the right choices—it's about making choices that align with your values and bring you fulfillment. The more intentional your decisions, the more meaningful your life becomes.

모든 결정은 삶을 형성합니다. 스스로에게 물어보세요. "오늘이 마지막 날이라면, 이 선택에 만족할 수 있을까?" 삶의 유한함을 인식하고 결정을 한다면, 진정 중요한 것에 집중할 수 있습니다. 망설이거나 미루지 말고, 명확한 목적을 가지고 행동하세요. 삶은 단순히 올바른 선택을 하는 것이 아니라, 자신의 가치에 맞고 충만함을 주는 선택을 하는 것입니다. 의식적인 결정을 내릴수록, 삶은 더욱 의미 있어집니다.

content 만족하는, 충족된 **awareness** 인식 **impermanence** 유한함, 비영구성 **fulfillment** 충만함, 만족감 **intentional** 의도적인 **meaningful** 의미 있는

스토아식으로 실행하기 | 각 글귀의 핵심 질문들을 다시 보고 내가 생각하는 바를 적어 보세요.

1. **Am I treating today as a chance to live fully, or am I postponing the life I truly want?**
   나는 오늘을 온전히 살아가고 있는가, 아니면 원하는 삶을 미루고 있는가?

   _____
   _____

2. **Am I reacting based on emotion, or am I taking time to assess the situation?**
   나는 감정에 휘둘리고 있는가, 아니면 차분히 상황을 바라보고 있는가?

   _____
   _____

3. **Am I hesitating because I truly need more information, or am I just afraid of making a mistake?**
   내가 진정 망설이는 이유는 더 많은 정보가 필요해서인가, 아니면 실수를 두려워해서인가?

   _____
   _____

4. **Am I overcomplicating my decisions instead of focusing on what truly matters?**
   나는 정말 중요한 것에 집중하기보다, 내 선택을 지나치게 복잡하게 만들고 있지는 않은가?

   _____
   _____

5. **Am I learning from my choices, or am I dwelling on things I cannot change?**
   나는 내 선택에서 배우고 있는가, 아니면 바꿀 수 없는 일에 집착하고 있는가?

   _____
   _____

6. **Am I focusing on what is important, or am I getting lost in distractions?**
   나는 중요한 것에 집중하고 있는가, 아니면 불필요한 것에 휩쓸리고 있는가?

   _____

   _____

7. **Am I using my past failures to grow, or am I letting them hold me back?**
   나는 실패에서 배우고 있는가, 아니면 그 무게에 짓눌려 멈춰 있는가?

   _____

   _____

8. **Am I making choices based on fear, or am I acting in alignment with my values?**
   나는 두려움에 따라 선택하고 있는가, 아니면 내 가치에 맞게 행동하고 있는가?

   _____

   _____

9. **Am I making decisions with intention, or am I simply reacting to circumstances?**
   나는 의도적으로 결정하고 있는가, 아니면 단순히 상황에 반응하고 있는가?

   _____

   _____

10. **If this were my last day, would I be content with this choice?**
    오늘이 마지막 날이라면, 이 선택에 만족할 수 있을까?

    _____

    _____

CHAPTER 10

• Living in Balance •
Integrating All Aspects of Life

• 조화로운 삶의 공식 •
삶의 다양한 영역을 아우르기

091 지속적인 성장을 위한 기초 다지기
Laying the Foundation for Sustainable Growth

스토아 철학 엿보기

Nothing great is created suddenly, any more than a bunch of grapes or a fig. If you tell me that you desire a fig, I answer you that there must be time.

Epictetus, Discourses, 1.15

위대한 것은 갑자기 이루어지지 않는다. 포도 한 송이나 무화과 열매가 그렇듯이 말이다. 누군가 무화과를 원한다고 하면, 나는 이렇게 답할 것이다. '시간이 필요하다'.

에픽테토스, 담화록, 1.15

스토아식으로 생각하기

Growth is a gradual process, not an instant event. Ask yourself: "Am I expecting immediate results, or am I willing to be patient and persistent?" Just as a fruit needs time to ripen, true personal growth requires consistent effort over time. Instead of chasing quick success, commit to steady progress. Focus on daily improvements, and trust that the results will come at the right time. Growth is not about speed—it's about endurance and consistency.

성장은 단번에 이루어지는 일이 아니라 점진적인 과정입니다. 스스로에게 물어보세요. "나는 즉각적인 결과를 바라고 있는가, 아니면 인내하며 꾸준히 나아가고 있는가?" 과일이 익는 데 시간이 걸리듯, 진정한 성장은 지속적인 노력이 쌓여야 가능합니다. 빠른 성공을 좇기보다, 꾸준한 발전을 목표로 삼으세요. 하루하루 성장에 집중하면, 원하는 결과는 적당한 시기에 찾아올 것입니다. 성장은 속도가 아니라, 인내와 지속성의 문제입니다.

lay the foundation for ~ ~을 위한 토대를 쌓다 **sustainable** 지속 가능한 **gradual** 점진적인, 서서히 이루어지는 **immediate** 즉각적인 **persistent** 끈질긴 **ripen** 익다 **commit to ~** ~에 전념하다 **steady** 꾸준한 **endurance** 인내, 끈기 **consistency** 지속성, 일관성

092 작은 습관이 만드는 장기적인 변화
How Small Habits Lead to Big Changes

스토아 철학 엿보기

Habit is formed by long practice, and at last becomes a man's nature. Whatever you do continually, that you will do most easily.

Seneca, *Letters to Lucilius*, 20

습관은 오랜 연습을 통해 형성되며, 결국 한 사람의 본성이 된다. 어떤 일이든 계속 하면, 가장 쉬운 일이 된다.

세네카, 루킬리우스에게 보낸 편지, 20

스토아식으로 생각하기

Significant transformations often stem from the accumulation of small, consistent actions. Reflect on your daily routines: "What minor habits can I adopt today that will contribute to my long-term well-being?" Implementing modest, positive habits—such as a brief morning meditation, a daily walk, or setting aside time for reading—can gradually lead to substantial improvements in your life. Embrace the power of incremental progress, understanding that each small step brings you closer to your greater goals.

큰 변화는 작고 꾸준한 행동이 쌓일 때 이루어집니다. 일상의 습관을 돌아보세요. "오늘 시작할 수 있는 작은 습관 중에서 장기적인 행복에 기여할 수 있는 것은 무엇인가?" 짧은 아침 명상, 매일 걷기, 독서 시간을 확보하는 것처럼 사소하지만 긍정적인 습관은 서서히 삶을 변화시킵니다. 점진적인 발전의 힘을 받아들이고, 작은 실천이 더 큰 목표로 나아가는 발판이 됨을 기억하세요.

significant 중요한　**stem from ~** ~에서 생겨나다　**accumulation** 축적　**adopt** 채택하다
contribute 기여하다　**implement** 시행하다　**modest** 대단하지 않은, 보통의　**substantial** 상당한
incremental progress 점진적인 발전

093 성취와 평온 사이의 균형 찾기
Balancing Achievement and Inner Peace

스토아 철학 엿보기 ─────────────────────

True happiness is to enjoy the present, without anxious dependence upon the future.

Seneca, *Letters to Lucilius*, 92.3

진정한 행복은 불안하게 미래에 의존하지 않고, 지금 이 순간을 온전히 살아내는 것이다.

세네카, 루킬리우스에게 보낸 편지, 92.3

스토아식으로 생각하기 ─────────────────────

Pursuing success is important, but not at the cost of peace. Ask yourself: "Am I sacrificing my present happiness for an uncertain future?" While ambition drives growth, true fulfillment comes from appreciating what you already have. Balance striving for more with the ability to be content now. Recognizing that the present is enough allows you to move forward without anxiety. Growth and peace are not opposites—they are two sides of a well-lived life.

성공을 추구하는 것은 중요하지만, 평온을 희생할 필요는 없습니다. 스스로에게 물어보세요. "나는 불확실한 미래를 위해 현재의 행복을 미루고 있는가?" 야망은 성장을 이끌지만, 진정한 만족은 이미 가진 것에 대한 감사에서 옵니다. 더 나은 것을 향해 나아가면서도 지금 이 순간을 온전히 누릴 줄 알아야 합니다. 현재가 충분하다는 사실을 깨닫는 순간, 불안 없이 앞으로 나아갈 수 있습니다. 성장과 평온은 서로 반대되는 개념이 아니라, 조화로운 삶의 두 축입니다.

anxious 불안해하는　**dependence** 의존　**at the cost of** ~ ~의 대가로　**sacrifice** 희생하다
fulfillment 충만함, 만족감　**strive for more** 더 나은 것을 추구하다　**anxiety** 불안

094 변화에 적응하는 능력 키우기
Developing Adaptability for Growth

스토아 철학 엿보기

Be like the cliff against which the waves continually break; but it stands firm and tames the fury of the water around it.

Marcus Aurelius, *Meditations*, 4.49

파도가 끊임없이 몰아쳐도 흔들림 없이 서서, 거친 물결을 가라앉히는 절벽이 되어라.

마르쿠스 아우렐리우스, 명상록, 4.49

스토아식으로 생각하기

Life is full of unexpected challenges, but your inner stability determines how you face them. Ask yourself: "Do I let external circumstances shake me, or do I stand firm like the cliff against the waves?" Just as the sea never stops moving, life will always bring change, difficulties, and pressures. But you have the power to remain steady, responding with clarity rather than panic. Strength comes not from avoiding challenges, but from learning to face them with composure. The more you practice resilience, the less the storms of life will unsettle you.

삶은 예상치 못한 도전들로 가득하지만, 그에 어떻게 반응하는지는 여러분의 내면에 달려 있습니다. 스스로에게 물어보세요. "나는 외부 환경에 흔들리는가, 아니면 파도를 맞아도 굳건한 절벽처럼 서 있는가?" 바다가 멈추지 않듯, 인생도 끊임없이 변화와 어려움, 압박을 가져옵니다. 그러나 여러분은 침착함을 유지하며 당황하기보다 명확하게 대응할 수 있는 힘을 가지고 있습니다. 강인함은 도전을 피하는 것이 아니라, 차분하게 맞서는 데서 나옵니다. 회복력을 단련할수록, 삶의 폭풍에도 흔들림 없이 설 수 있을 것입니다.

stand firm 굳건히 서다 **tame** 길들이다 **inner stability** 내면의 안정 **determine** 결정하다
pressure 압박 **composure** 침착함 **resilience** 회복력 **unsettle** 뒤흔들다

095 흔들림 없는 내적 성장
Building Inner Strength That Lasts

스토아 철학 엿보기

Men are disturbed not by things, but by the views which they take of things. Discipline yourself against opinions.

Epictetus, *Enchiridion*, 5

사람을 괴롭게 하는 것은 사물이 아니라, 그것을 바라보는 관점이다. 견해에 휘둘리지 않도록 스스로를 단련하라.

에픽테토스, *엥케이리디온*, 5

스토아식으로 생각하기

What happens to you is not as important as how you interpret it. Ask yourself: "Am I reacting emotionally, or am I seeing the situation for what it really is?" Many of our worries and frustrations come not from reality, but from the meaning we attach to events. Train yourself to separate facts from opinions. When you change your perspective, you regain control over your emotions. The power to stay calm lies not in controlling the world, but in controlling your own mind.

여러분에게 일어난 일이 중요한 것이 아니라, 그것을 어떻게 해석하느냐가 더 중요합니다. 스스로에게 물어보세요. "나는 감정에 휘둘려 반응하는가, 아니면 상황을 있는 그대로 보고 있는가?" 많은 걱정과 좌절은 현실 자체가 아니라, 우리가 사건에 부여하는 의미에서 비롯됩니다. 사실과 의견을 분리하는 연습을 해보세요. 관점을 바꾸면 감정을 다스릴 힘을 되찾을 수 있습니다. 평온을 유지하는 힘은 세상을 통제하는 것이 아니라, 자신의 마음을 통제하는 데서 나옵니다.

discipline 단련하다 **interpret** 해석하다 **attach to** ~ ~에 부여하다 **separate** 구분하다
perspective 관점 **regain** 되찾다

096 꾸준한 실천의 힘
The Power of Consistency

스토아 철학 엿보기

Set aside a certain number of days during which you shall be content with the scantiest and cheapest fare, saying to yourself: 'Is this the condition I feared?'

Seneca, *Letters to Lucilius*, 18.3

며칠 동안 가장 빈약하고 저렴한 음식으로 지내며 스스로에게 물어라. '이것이 내가 두려워했던 상태인가?'

세네카, 루킬리우스에게 보낸 편지, 18.3

스토아식으로 생각하기

True strength comes from discipline and preparation, not comfort. Ask yourself: "Am I avoiding discomfort, or am I training myself to handle it?" Practicing voluntary hardship—whether by simplifying your lifestyle or embracing temporary difficulties—builds resilience. When you expose yourself to challenges in a controlled way, you reduce fear and develop confidence in your ability to endure. Consistency in small acts of discipline leads to greater stability and strength in all areas of life.

진정한 강인함은 편안함이 아니라 단련과 준비에서 나옵니다. 스스로에게 물어보세요. "나는 불편함을 피하고 있는가, 아니면 그것을 견딜 수 있도록 스스로를 훈련하고 있는가?" 생활을 단순하게 하거나, 일시적인 어려움을 수용하는 것과 같이 자발적인 고난을 감수하는 연습은 회복력을 길러 줍니다. 통제된 환경에서 도전을 경험하면 두려움이 줄어들고, 어떤 어려움도 견딜 수 있다는 자신감이 생깁니다. 작은 훈련을 꾸준히 실천하면 삶의 모든 영역에서 더 큰 안정감과 강인함을 갖추게 됩니다.

set aside 떼어놓다　**be content with ~** ~에 만족하다　**scanty** 빈약한　**fare** 음식　**discipline** 훈련, 절제　**preparation** 준비　**discomfort** 불편함　**handle** 다루다　**voluntary hardship** 자발적인 고난　**develop confidence** 자신감을 기르다　**stability** 안정감

097 외적 성공과 내면의 조화 이루기
Aligning External Success with Inner Growth

스토아 철학 엿보기

How much time he gains who does not look to see what his neighbor says or does, but only at what he does himself, to make it just and holy.

Marcus Aurelius, Meditations, 9.29

이웃이 무엇을 말하고 하는지 신경 쓰지 않고, 오직 자신이 하는 일을 올바르고 고결하게 만들기 위해 집중하는 사람은 얼마나 많은 시간을 얻는가.

마르쿠스 아우렐리우스, 명상록, 9.29

스토아식으로 생각하기

Focusing on your own path rather than being distracted by others' opinions brings both efficiency and peace. Ask yourself: "Am I wasting time comparing myself to others, or am I dedicating my energy to my own growth?" The more you direct your attention inward—toward your values, actions, and purpose—the less external noise affects you. True success comes not from seeking approval, but from staying aligned with your own principles. By concentrating on what truly matters, you gain clarity, confidence, and a stronger sense of purpose.

다른 사람의 의견에 휘둘리지 않고 자신의 길에 집중하면 더 효율적이고 평온한 삶을 살 수 있습니다. 스스로에게 물어보세요. "나는 남과 나를 비교하며 시간을 낭비하는가, 아니면 내 성장에 에너지를 집중하는가?" 자신의 가치, 행동, 목적에 집중할수록 외부의 소음은 점점 덜 영향을 미칩니다. 진정한 성공은 타인의 인정이 아니라, 자신의 원칙에 충실할 때 이루어집니다. 중요한 것에 집중하면 더 명확한 방향성과 자신감을 얻고, 더 강한 목적 의식을 갖게 됩니다.

just 올바른 **be distracted by ~** ~에 주의를 빼앗기다 **efficiency** 효율 **external noise** 외부의 소음 **approval** 승인, 인정 **confidence** 자신감

098 성장의 방향을 주도하기
Taking Control of Your Growth

스토아 철학 엿보기

Some things are in our control (opinion, pursuit, desire, aversion) and others not. If you seek only what is in your control, you will be free.

Epictetus, *Enchiridion*, 1

어떤 것은 우리의 통제 안에 있고(의견, 추구, 욕망, 회피), 어떤 것은 그렇지 않다. 통제할 수 있는 것만을 구하면 자유로워질 것이다.

에픽테토스, 엥케이리디온, 1

스토아식으로 생각하기

Freedom begins with understanding what you can and cannot control. Ask yourself: "Am I focusing on what is within my power, or am I stressing over things beyond my reach?" Many frustrations come from trying to change external factors we have no control over. Instead, direct your energy toward shaping your thoughts, actions, and responses. When you master what is truly within your control, you develop resilience, clarity, and an empowered sense of growth. Sustainable success is built by focusing on what you can influence, not on what is outside your grasp.

자유는 무엇을 통제할 수 있고, 무엇을 통제할 수 없는지 아는 데서 시작됩니다. 스스로에게 물어보세요. "나는 내 힘으로 바꿀 수 있는 것에 집중하는가, 아니면 어쩔 수 없는 일에 스트레스를 받고 있는가?" 많은 좌절은 우리가 바꿀 수 없는 외부 요인을 변화시키려 할 때 생깁니다. 대신, 자신의 생각과 행동, 반응을 다듬는 데 에너지를 집중하세요. 진정으로 통제할 수 있는 것을 다스릴 때, 회복력과 명확함이 길러지고, 성장을 주도하는 힘이 생깁니다. 지속 가능한 성공은 통제할 수 없는 것이 아니라 영향력을 미칠 수 있는 것에 집중함으로써 이루어집니다.

pursuit 추구 aversion 회피, 혐오감 frustration 좌절 factor 요인 resilience 회복력 clarity 명확함 empowered 주도적인, 힘을 얻은 sustainable 지속 가능한 grasp 이해, 파악

099 지속 가능한 성장의 핵심 원칙
The Core Principles of Sustainable Progress

스토아 철학 엿보기

The greater the difficulty, the more glory in surmounting it. Skillful pilots gain their reputation from storms and tempests.

Epictetus, Discourses, 1.24

어려움이 클수록 그것을 극복하는 영광도 커진다. 능숙한 조종사는 폭풍과 거친 바람을 통해 명성을 얻는다.

에픽테토스, 담화록, 1.24

스토아식으로 생각하기

Challenges are not obstacles—they are opportunities to grow stronger. Ask yourself: "Am I avoiding difficulties, or am I using them to build resilience?" True progress is made not by seeking an easy path but by learning to navigate hardships. Just as skilled sailors become great by mastering storms, you grow by facing and overcoming difficulties. Embrace challenges as necessary steps toward sustainable growth. The more you endure, the more capable and prepared you become for what lies ahead.

어려움은 장애물이 아니라 강해질 기회입니다. 스스로에게 물어보세요. "나는 어려움을 피하고 있는가, 아니면 그것을 통해 회복력을 기르고 있는가?" 진정한 성장은 쉬운 길을 찾는 것이 아니라, 어려움을 극복하며 배우는 과정에서 이루어집니다. 능숙한 항해사가 폭풍을 통해 실력을 쌓듯, 사람은 시련을 이겨낼 때 성장합니다. 도전을 지속적인 성장을 위한 필수 과정으로 받아들이세요. 더 많은 것을 견딜수록, 앞으로 닥칠 일들에 더욱 능숙하고 준비된 사람이 될 것입니다.

core 핵심적인 **sustainable** 지속 가능한 **surmount** 극복하다 **skillful** 능숙한 **reputation** 명성, 평판 **tempest** (거센) 폭풍 **resilience** 회복력 **navigate hardships** 어려움을 헤쳐 나가다 **embrace challenges** 도전을 받아들이다 **endure** 견디다 **capable** 유능한, 능숙한

100 평생 성장하는 삶을 위한 결단
A Lifelong Commitment to Growth

스토아 철학 엿보기

You have power over your mind—not outside events. Realize this, and you will find strength.

Marcus Aurelius, *Meditations*, 2.5

마음은 통제할 수 있어도, 외부의 사건은 통제할 수 없다. 이를 깨닫는 순간, 진정한 힘을 얻는다.

마르쿠스 아우렐리우스, 명상록, 2.5

스토아식으로 생각하기

True strength comes from mastering your own mind, not from controlling external circumstances. Ask yourself: "Am I spending energy on things I cannot change, or am I focusing on my thoughts and actions?" Sustainable growth requires internal stability. When you shift your focus to what is within your control—your mindset, choices, and responses—you build a foundation that cannot be shaken by outside events. Growth is a lifelong process, and the key to lasting progress is realizing that your power lies within.

진정한 강인함은 외부 환경을 통제하는 것이 아니라, 자신의 마음을 다스리는 데서 비롯됩니다. 스스로에게 물어보세요. "나는 바꿀 수 없는 것에 에너지를 낭비하는가, 아니면 내 생각과 행동에 집중하는가?" 지속 가능한 성장은 내면의 안정에서 시작됩니다. 사고방식, 선택, 반응과 같은 통제할 수 있는 것에 집중할 때, 외부 상황에 흔들리지 않는 단단한 기반이 형성됩니다. 성장은 평생 지속되는 과정이며, 그 핵심은 진정한 힘이 내면에서 나온다는 사실을 깨닫는 것입니다.

lifelong 평생 동안의 **commitment** 헌신, 책무 **internal stability** 내면의 안정 **mindset** 사고방식
build a foundation 기반을 만들다 **lasting progress** 지속적인 성장

101 진정한 균형으로 삶의 주인이 되어라
Own Your Life Through True Balance

스토아 철학 엿보기

You have been formed of three parts—body, breath, and mind. Of these, the first two are yours insofar as you are responsible for their care; the third alone is truly yours.

Marcus Aurelius, *Meditations*, 12.3

사람은 육체와 호흡과 마음, 이 세 가지로 이루어져 있다. 앞의 두 가지는 스스로 돌봐야 할 책임이 있고, 마지막 하나만이 진정으로 자기의 것이다.

마르쿠스 아우렐리우스, 명상록, 12.3

스토아식으로 생각하기

Everything you've learned has prepared you for this moment. You have all the knowledge and strength needed to become the master of your mind. The final step is simply to trust yourself and boldly move forward. Ask yourself: "Am I truly living according to what matters most to me?" Embrace this inner power and act courageously. Remember, your mind is your greatest resource—own it fully, and your balanced life will follow naturally.

지금까지 여러분이 배운 모든 것은 바로 이 순간을 위한 준비였습니다. 여러분은 이미 마음의 주인이 될 수 있는 충분한 지혜와 힘을 내면에 가지고 있습니다. 이제 스스로를 믿고 담대하게 나아가면 됩니다. 스스로에게 질문해 보세요. "나는 정말로 나에게 중요한 일들을 중심으로 살아가고 있는가?" 내면의 힘을 믿고 용기 있게 행동하세요. 마음은 여러분의 가장 강력한 자산임을 기억하세요. 마음을 온전히 다룰 수 있을 때 비로소 진정으로 균형 잡힌 삶이 시작됩니다.

insofar ~하는 한에 있어서는　**boldly** 담대하게, 대담하게　**move forward** 앞으로 나아가다　**embrace** 받아들이다, 포용하다　**inner power** 내면의 힘　**courageously** 용기 있게　**naturally** 자연스럽게

스토아식으로 실행하기 | 각 글귀의 핵심 질문들을 다시 보고 내가 생각하는 바를 적어 보세요.

1. **Am I expecting immediate results, or am I willing to be patient and persistent?**
   나는 즉각적인 결과를 바라고 있는가, 아니면 인내하며 꾸준히 나아가고 있는가?

   _____
   _____

2. **What minor habits can I adopt today that will contribute to my long-term well-being?**
   오늘 시작할 수 있는 작은 습관 중에서 장기적인 행복에 기여할 수 있는 것은 무엇인가?

   _____
   _____

3. **Am I sacrificing my present happiness for an uncertain future?**
   나는 불확실한 미래를 위해 현재의 행복을 미루고 있는가?

   _____
   _____

4. **Do I let external circumstances shake me, or do I stand firm like the cliff against the waves?**
   나는 외부 환경에 흔들리는가, 아니면 파도를 맞아도 굳건한 절벽처럼 서 있는가?

   _____
   _____

5. **Am I reacting emotionally, or am I seeing the situation for what it really is?**
   나는 감정에 휘둘려 반응하는가, 아니면 상황을 있는 그대로 보고 있는가?

   _____
   _____

6. Am I avoiding discomfort, or am I training myself to handle it?
나는 불편함을 피하고 있는가, 아니면 그것을 견딜 수 있도록 스스로를 훈련하고 있는가?

7. Am I wasting time comparing myself to others, or am I dedicating my energy to my own growth?
나는 남과 나를 비교하며 시간을 낭비하는가, 아니면 내 성장에 에너지를 집중하는가?

8. Am I focusing on what is within my power, or am I stressing over things beyond my reach?
나는 내 힘으로 바꿀 수 있는 것에 집중하는가, 아니면 어쩔 수 없는 일에 스트레스를 받고 있는가?

9. Am I avoiding difficulties, or am I using them to build resilience?
나는 어려움을 피하고 있는가, 아니면 그것을 통해 회복력을 기르고 있는가?

10. Am I spending energy on things I cannot change, or am I focusing on my thoughts and actions?
나는 바꿀 수 없는 것에 에너지를 낭비하는가, 아니면 내 생각과 행동에 집중하는가?

11. Am I truly living according to what matters most to me?
나는 정말로 나에게 중요한 일들을 중심으로 살아가고 있는가?